じっぴコンパクト文庫

読めば行きたくなる「日本の城」

三浦正幸

実業之日本社

はじめに

近年、「戦国時代ブーム」だといわれている。このブームの特徴は若い人々、とりわけ女性にも広がっているという点だ。東京・神田の古書店街にある歴史書専門店は、ときならぬ黄色い声で賑《にぎ》わっているそうだ。

お城ファンは以前から一定の人数がいるもので、決して大きな固まりではないが根強いものがあった。そこへ新しい「歴史ファン」が入ってきている。昔からの歴史ファンからすれば、をひそめたくなるような言動、行動を彼らはときとしてするが、それを非難するばかりでは始まらない。ちょっとした興味から入った世界にどっぷりと引き込まれ、そこそこ詳しくなっていくという例はどこにでもあるからである。

こうした新しい歴史ファンやお城ファンの〝新鮮な目〟によって、歴史全体や城に関することの新しい側面が切り拓かれていかないとも限らない。そうすれば新たな注目を浴びて、さらにファンが増え、大きな広がりが出てくるだろう。

本書は、三章構成となっている。そのメーンの部分である第二章では、日本に数多くあるお城の中から、有名どころのみならず、ちょっとユニークなものまで北から南まで四十五城を紹介している。従来の「お城本」とは少し異なり、一般的な紹介記事やエピソードのほかに、現在の状況などもあわせて紹介し、若い読者の方にも理解しやすい構成となっている。

また、第一章では、城めぐりをするときに役立つ、お城に関する基本的な用語の解説を行なった。これだけ知っておくだけでも、お城を目の前にしたときの理解の度合いが格段と違ってくるだろう。

最後の第三章では、お城の起源から発達について概観した。もう少し詳しくお城を知りたくなったときには役立つはずである。

本書が多くの新旧のお城ファンのハンドブックとして長く愛読されれば、これに勝る喜びはない。

平成二十七年十二月

Part 2. 関東の城

Part3. 中部・東海の城

Part 5. 中国・四国の城

Part6. 九州の城

第1章

城を知りたい!!
城を楽しむためのウンチク

城のグランドデザイン

⦿城の見学の前に……

城を見学するとき、ただ漠然と見ていてはその面白さ、魅力は半減してしまう。「なぜ、ここの堀はこういう形をしているのだろうか」「どうしてこの石垣は、食い違いになっているのだろうか」……など、城を見て歩けば、疑問に思うことや不思議に思うことはいくつもあるはずである。

そして、これらについて知識を事前に持って城を歩いた場合は、今度は、「なるほど、この石垣はこういう意味で、この角度に折れ曲がっているのか」といったように、城の構造的な意味を確認しながら歩けるようになる。

城の構造の意味がわかるということは、城の持つ防御力を実感できるということでもある。つまり、城を城として初めて理解したということになる。

⦿なぜ、この場所に築城されたのか――「地取」

築城するときに、どの場所に築城するかを決めることを地取《じどり》と呼ぶ。

城は適当につくっても意味はなく、根拠ある理由をもとに場所を選定して、初めて意味をなすのである。

峻険《しゅんけん》で敵が絶対に攻めてこられない山であっても、水が出なかったり、麓《ふもと》の居館から遠すぎたり、味方が城にたどり着くまでに大変すぎたりしては、城としての意味はない。本拠との距離、街道の位置、水の手の有無、河川の位置、地形的制約、築城しやすい地質かどうか、その他もろもろの多面的な条件の中から選びぬいた城地でなくては、城の意味はないのである。

城を見る場合も、自分で地取の意味を考えると面白いだろう。想定する敵の侵攻ルートや自分の本拠地などを思い浮かべ、どんな意図でその場所に城を置いたのかを考える。これは城主と同じ目線で城について考えるのと同じことになるので、城の理解を急速に深めるはずである。

⦿城の基本設計はどのように考えられているか――「縄張」

ヤクザの用語で勢力範囲のことを「縄張《なわばり》」というが、これはスラングで本来の意味は「城の基本設計」である。「経始《けいし》」とも呼ぶが、本丸や天守をどこに置き、どんなラインで堀を刻み、虎口《こぐち》はどこにするかなど、城そのものをどうつくるか決めることを縄張と呼ぶ。

城地が選定されたら、その地形をどう生かすか、どう工事で改変するかを考える。グランドデザインと言い換えてもよい。

⊙本丸や二の丸など城の内部機能はどのように配置されているか――「曲輪」

城の内部を機能や用途、地形的制約によって区画しているその区域のことを曲輪《くるわ》という。「郭」とも書く。一の曲輪、二の曲輪といったように、それぞれに名前がつけられている。近世城郭では、本丸、二の丸と、「丸」と呼ばれることが多い。

小さく単純な縄張の城では、一つの曲輪のみで構成されている城もあるが、多いものになると近江《おうみ》の観音寺城《かんのんじじょう》のように千を超える曲輪を持つ城もある。しかし観音寺城の場合、曲輪のそれぞれすべてに名前がつけられているのかは疑問である。

近世城郭になると、中世の山城のように小さな曲輪をたくさん持つ城はほとんどなくなり、広く大きい少数の曲輪で城を構成するパターンがほとんどとなる。

曲輪には、特にこういった用途のものがなくてはならないといった決まりごとはない。ここでは代表的な名称と、その役割を簡単に説明してみよう。

本曲輪（一の曲輪、本城、一の丸、本丸）は城の中心となる、最も重要な曲輪。一般に本丸と総称して呼ばれている。戦時にはここが司令部となり、戦闘指揮を執《と》るケースが多

曲輪の配置例

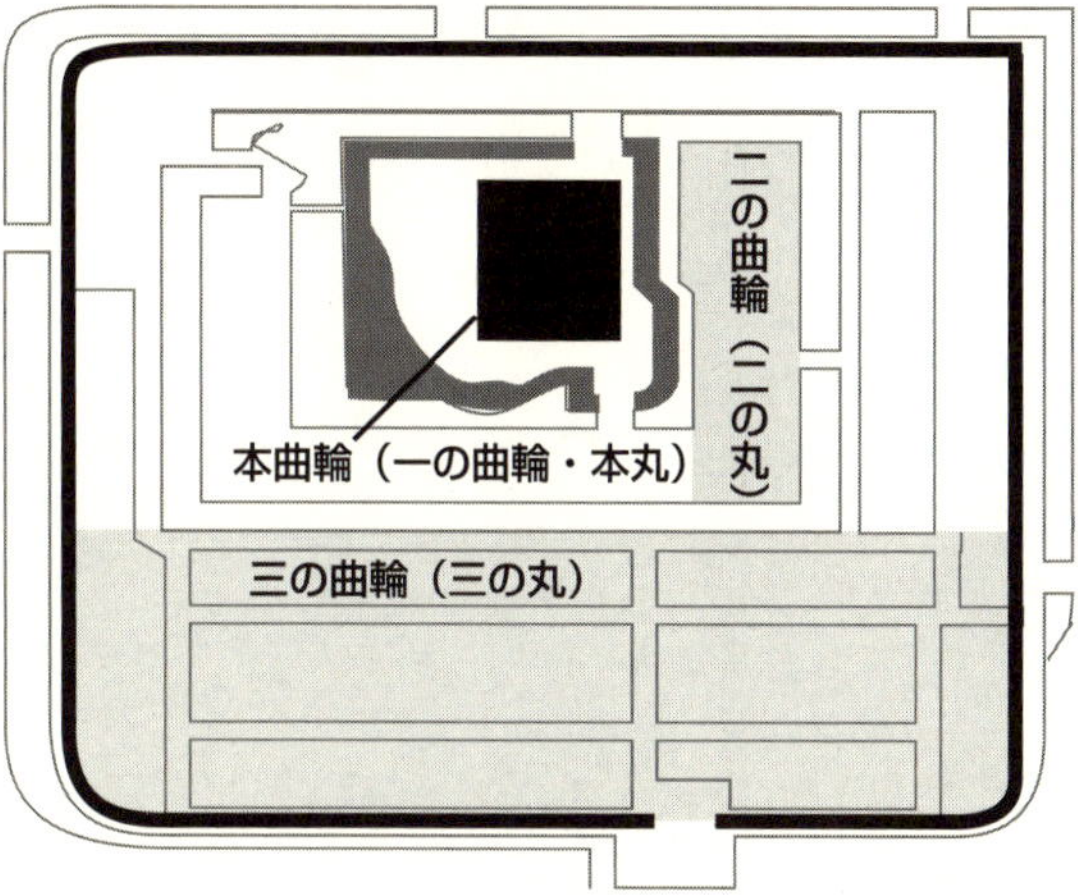

い。天守閣《てんしゅかく》や御殿、政庁としての建造物が設置される城の中枢だ。

本丸に隣接し、本曲輪を防御するために存在する曲輪が二の曲輪（二の丸、内曲輪、内城）だ。武器弾薬、兵糧などの倉庫が置かれているケースも多い。兵士が集合できるだけの空間があり、またそこに駐屯できる施設が付随することもある。こちらに政庁を置くこともある。

三の曲輪（三の丸）は本丸、二の曲輪のどちらか、または両方に隣接し、それぞれを直接・間接的に防御する役目を持つ。ときに二の曲輪全体を覆う形のものもある。多くの場合、広大な空間を有し、家臣たちが生活する侍屋敷や厩《うまや》、馬の訓練の馬場などが設置される。

本丸や二の曲輪、三の曲輪などの中枢部の周辺に、帯のように帯曲輪が取り巻く。中枢部の前衛として攻め手の侵攻を止める障害としての存在で、建物などがない場合もある。主要曲輪からの射撃に対し、遮蔽物がなく、空間が狭いために有効な防御陣地も築けず、攻め手は大きな出血を強いられることになる。

通常は天守は本丸に設置されるが、ときに天守と櫓《やぐら》を複数連結し、独自の曲輪を構成していることがある。この場合、本丸とは区別して、「天守曲輪」と呼ぶ。

籠城《ろうじょう》戦で最も大切なものの一つが水である。兵糧があっても人は水がないと生きてはいけない。井戸や湧き水、河川といった、水を得られる場所を「水の手」と呼ぶが、これらを防御するための曲輪を、「水ノ手曲輪」または「井戸曲輪」と呼ぶ。

山里曲輪・山里丸は、庭園や池、茶室といった文化的要素の強い曲輪。戦闘用ではなく、平時における文化施設といった意味合いが大きい。「御花畑」、「御楽園」と呼ぶ場合もある。

城が巨大化すると、新しい曲輪が設置されることがあるが、数字を増やして呼ぶ場合もあるが、西の丸、北の丸と、方角で呼ぶケースが少なくない。ほか、特徴的な名称をそれぞれの城で付けているが、豊臣時代の伏見城《ふしみじょう》では、その区画を預かる武将の名を冠して呼んでいた。石田三成の屋敷のあった曲輪は、治部少丸《じぶしょうまる》といった具合である。

城の外郭に出城的に突出した曲輪を設置し、防御力を高めることがあるが、この場合は「出丸」などと呼ぶ。大坂城において、冬の陣直前に設置した真田丸などは出丸の好例である。

◉曲輪の配列

曲輪の配列にはいくつかのパターンがあるので、簡単に紹介しよう。

まず、輪郭式《りんかくしき》。内側から外側に向って、曲輪を完全に囲んでいくタイプ。本丸を二の曲輪で囲み、二の曲輪を三の曲輪で囲むという縄張。地形的に全方位に同等の防御構造を施さなくてはならない平城に多く、山形城、松本城などが輪郭式である。

円郭式《えんかくしき》は輪郭式の発展型で、本丸の周囲から同心円状に外部に向って二の曲輪、三の曲輪と配置される。駿河城《するがじょう》や田中城がこのケースである。

本丸から二の曲輪、三の曲輪と配置するパターンが連郭式《れんかくしき》。本丸が最奥に配置されるため、正面方向からの攻撃に強い防御力を発揮する。側面や背面からの攻撃に弱く、立地的に、背後や側面からの敵襲がないものと想定できる場合に有効である。小諸城《こもろじょう》や松山城などがこのパターンとなっている。

本丸と二の曲輪が横に並び、その周囲を三の曲輪など別の曲輪で囲む形式が並郭式《へいかくしき》で、大垣城、大分城などがある。

梯郭式《ていかくしき》は、本丸を城郭の片隅に配置し、その二方向、あるいは三方向を他の曲輪で囲む形式。本丸の接する面が大河や海、絶壁など、防御の必要のない地形に向く縄張で岡山城がこのタイプである。

天守の種類と構造

⦿城を象徴する建物

天守を最初に建てたとされているのは、松永久秀《まつながひさひで》である。一説に、織田信長の安土城《あづちじょう》を嚆矢《こうし》とする向きもあるが、久秀が信貴山城《しきさんじょう》、多聞山城《たもんやまじょう》に建てた四階の櫓こそが最初の天守というべきものであろう。

なお、天守の機能としては物見櫓としての意味と、城主の権威づけとが主なものとしてあげられる。一部、戦闘のための施設ともいえなくはないが、天守が攻められたら、ほぼその城は終わりであり、天守の攻撃力、防御力などというものは、切腹までの時間稼ぎ程度のものでしかない。

江戸時代に入り、幕府に遠慮して天守を築かなかった大名が少なくないことから、天守の本質は戦闘のためのものではないことが理解できる。戦闘で絶対的に必要なものであったならば、天守を遠慮したとしても、装飾性をなくした物見櫓でも建てるはずである。

天守は「殿主」「殿守」「天主」とも表記されるが、安土城のもののみを「天主」と書き、それ以外を「天守」とするのが一般的である。

現在、日本の城郭で、往時（江戸時代を含む封建時代に建てられた天守）の天守、現存天守が残されているのは十二城で、姫路城《ひめじじょう》、彦根城《ひこねじょう》、犬山城《いぬやまじょう》、松本城、高知城、丸岡城、松江城、宇和島城《うわじまじょう》、備中松山城《びっちゅうまつやまじょう》、松山城、弘前城《ひろさきじょう》、丸亀城《まるがめじょう》である。

現存天守と呼んではいるが、修復などは行なわれている。

現存天守以外の天守には、復元天守、復興天守、模擬天守がある。この中で模擬天守とは、本来の天守とは縁もゆかりもないもの。もともと天守のなかった城に無理矢理、天守もどきの展望台などを建てているケースもある。

天守の種類を見ていこう。最も単純な形が、独立式である。見たままで、天守がポツンと独立して建てられているタイプ。さらにこれを分類すると、曲輪の中の位置によって三つのパターンに分類することが可能になる。

一つは曲輪の中心に設置するタイプ。丸岡城や犬山城、徳川による大坂城、江戸城などがこのタイプである。中央にあることで安定感があり、堂々とした印象を受ける。

曲輪の隅、角の部分に天守を設置しているのは、小諸城、高知城、弘前城といったところ。本丸の虎口から離れるため、本丸内でさらに抵抗ができるというメリットがある。また、天守から二の丸や三の丸に援護射撃を加えることができ、天守を防御構造として用いようという積極的意味合いもある。

本丸の端、辺の中央に天守を置く城もある。小田原城や丸亀城である。これもまた、本丸の攻防戦になった場合は、天守を積極的に戦闘に参加させようという形である。もっとも、構造的に安定した位置として、ほとんどの城で本丸の隅に天守を設置しているのだが。

複合式天守とは、天守に付櫓《つけやぐら》（渡櫓）を付帯させたもので、岡山城や萩城がこのタイプである。付櫓を二方向にL字に付帯させた城としては、尼崎城、大垣城などがある。

連結式天守とは、天守に小天守を渡櫓で複合させたもので、名古屋城、八代城《やつしろじょう》がこのタイプである。小天守に加え、さらに別方向に付櫓を付帯させると、複合連結式となる。現存天守の松本城がこのタイプだが、均整の取れた美しさを醸《かも》し出しており、そのバランスの絶妙さで多くのファンをうならせている。

連結式で天守を本丸の中心に置き、曲輪を二分させるタイプが熊本城である。あまり他

天守の種類

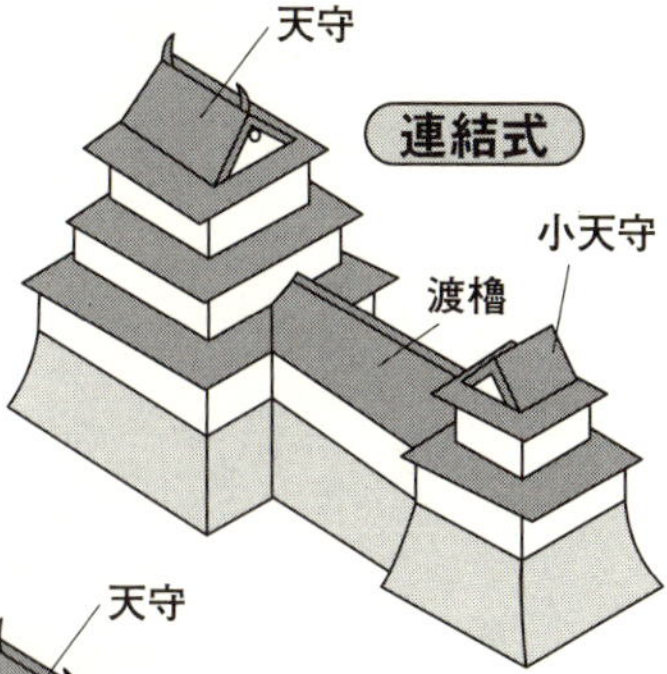

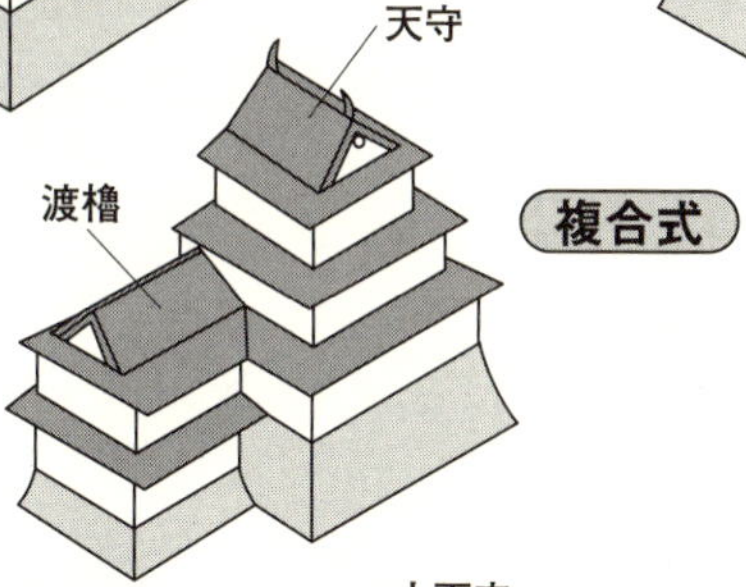

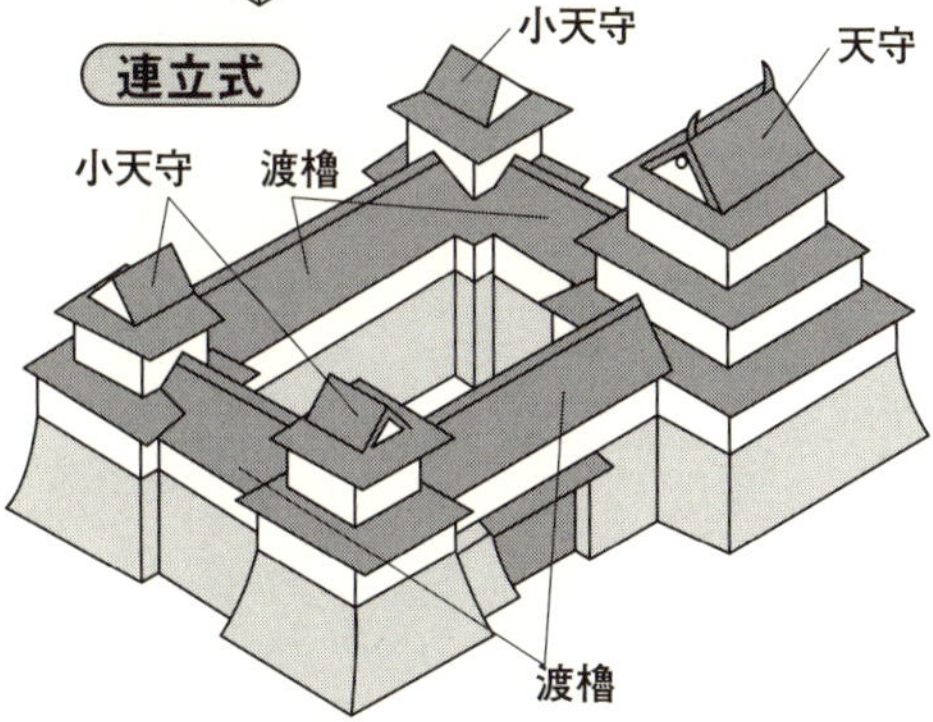

に例を見ない構造であるが、築城術に長けた加藤清正《かとうきよまさ》ならではのものといえるだろう。

連立式は大天守と複数の小天守・櫓を連立させて、中央に空間を作るタイプ。姫路城が有名であり、その美しさには並ぶものがない。姫路城では、この天守群を本丸東北に設置しているが、伊予松山城では本丸中央に置いている。これもまた、見栄えのする天守である。

この発展型として、本丸の四つの隅に天守と三つの櫓を置き、これを長い渡櫓で連結した二条城があるが、これは少々贅沢《ぜいたく》に過ぎるきらいがある。

城を構成する基本構造

⦿土を盛り、敵の侵入を防ぐ――「土塁・土居」

曲輪と天守の構造を見てきたが、それらを形づくっているのは石垣であり、堀であり、土塁《どるい》である。これら城を構成している基本構造について解説する。

土塁・土居《どい》とは、文字通り土を盛り上げて築かれた土の土手・壁である。最も原始的な城の構造であるが、土塁あってこその城ともいえるだろう。

多くの場合、堀を掘った土を掻き揚げて築かれているので、城の外部から見た場合は、まず堀があって一段低い地形となり、そこから堀の土をかきあげた土塁となる。攻め手はここを駆け上がらねばならず、角度があるため、簡単に突破はできない。戦時ともなれば、逆茂木《さかもぎ》・鹿砦《ろくさい》（木の枝を束《たば》ね、枝の鋭角部が攻め手に向うように、土塁などに設置する障害物）が設置され、土塁を駆け上がるなどはまず不可能である。また、城内からの攻撃もあり、土の土手とはいえ軽んじることはできない。

◉土塁以上に頑丈で角度をつけられる――「石垣」

城といえば石垣である。巨大な石組みによる石垣は見る者を圧倒し、攻め手に大きなプレッシャーを与えるものである。

石垣は土塁に比べて頑丈で、斜面の角度も急角度にできるため、築城技術の発展と築城者の経済力の向上により多用されるようになる。石垣技術も野面積《のづらづみ》、打込ハギ、切込ハギと向上し、それまでは自然にあった石を組み合わせて積んでいたものが、石を事前に加工して石垣とするようになる。室町中期には観音寺城の石垣のような、乱雑であまり高さのない石垣ばかりであったが、戦国末期には安土城に見られるような、端正な姿で、なおかつ急勾配《きゅうこうばい》の石垣が組めるようになった。

⊙城の最も大切な基本構造――「堀・濠」

攻め手の攻撃を阻止し移動の自由を奪う防御施設で、簡単にいってしまえば、大きく掘った溝である。

ここに水が入っていれば水堀・濠《ごう》、水がなければ空堀となる。空堀には、底辺に逆茂木や乱杭、竹槍などを埋め込んで、落ちた敵兵に対しての殺傷能力を高めることも可能である。各曲輪の境界も堀によって形成されることが多く、堀こそが城の最も大切な基本構造ともいえるだろう。大坂城の例を見ればわかるが、天守があっても堀がなくては城に意味はないのである。

堀には、障子堀《しょうじぼり》、畝堀《うねぼり》、竪堀《たてぼり》、畝状竪堀、横堀など、さまざまな形態がある。実はこれらと土塁、石垣の組み合わせこそが、城そのものなのである。

⊙防御側が攻めに転じるためのワナ――「虎口」

虎口《こぐち》とは城への出入り口を防御する関門となる場所で、城門部分を指す。小口とも書かれ、文字通り、狭い道を指す。この虎口にもいくつかのパターンがあるが、ここではその最もオーソドックスなもののみを紹介するに留めることにする。

まず、喰違虎口《くいちがいこぐち》。城の出入り口たる虎口の重要性は、合戦の規模が大きくなるごとに増大する。当初は直線の防壁に、そのまま門を設置していた時代もあるが、防御力向上のため、堀や土塁を食い違いにする技術が生まれた。開口部を側面に設け、これにより攻め手はその入り口に対するとき、正面にはその入り口方向からの攻撃、側面からは城内からの攻撃（横矢）を受けることになる。攻め手が侵入しづらいのと同時に、防御側が外に兵を出すときには、城内からの援護射撃を受けられることになり、その点でも喰違虎口とすることのメリットは大きい。

籠城・攻城の激しい西日本で生まれた虎口の一つに、枡形《ますがた》虎口《こぐち》というものがある。虎口の前面に方形の空間を設け、そこに門を二重に設置するというものである。普通の正面向きの門の前に、コの字の壁を置き、その側面に出口を設置したと考えていただけばよいだろう。これにより食違虎口と同等の防御力を外側の最初の門に与え、さらにそこが破られても次の門で防御戦闘ができるということになる。

しかも、枡形内では、限定された空間で防御側からの集中攻撃を受けることになり、攻め手の被害はかなりなものとなる。

馬出しとは、虎口の前面外側に、コの字、または三日月型の防御地形を土居や石垣、堀などで設置したもので、出入り口に一つの小さな曲輪を用意するようなものである。これが発達したものの一つが、大坂城の真田丸である。武田流では三日月形の丸馬出しが主流で、北条流では角ばった角馬出しが多い。

ほかにも城を構成する技術はいろいろとある。城門、橋、狭間、櫓……。まとめてしまえば、城とはこれらの構造物が複合して成立している防御構造ということになる。

天守がなくても立派に城であるし、土塁だけでも城はつくれるのである。

一つだけ、忘れないでほしいのは、城にあるものはすべて、そこにある理由が存在するということだ。防御に役立つ、何らかの意味がすべてにあるということを念頭に入れ、城を見学すると、おそらく、今まで見えてこなかったものが、見えてくることだろう。

城を歩く――。

健康にもよく、また奥行きのある生涯の趣味として、最上のものの一つと思う。また、日本全国に城はある。いや、ヨーロッパにもあれば中国・韓国にも城はある。

旅先で地元でと、ぜひとも城を見て、過去への歴史の旅を楽しんでいただきたい。

第2章

厳選四十五城!!
知っておきたいあの城の秘密

城を構成する主要な要素

石垣（いしがき）：土塁とともに石材を積み上げたもの。戦国時代後期以降に発展した。次第に精巧な積み方へ進化した
犬走り（いぬばしり）：細長く整地した部分で、曲輪の側面などにつくられた
畝堀（うねぼり）：空堀の底に畝のようにでこぼこをつくり、渡りにくくしたもの
馬出し（うまだし）：防御または出撃の際に利用するための曲輪で、扇状または方形につくられた土手
大手（おおて）：城の正面のこと。追手とも
外郭（がいかく）：城の周辺につくられた曲輪。家臣の屋敷や寺院などが置かれた
架橋（かけはし）：堀に架ける橋で、切り落とすことができる
空堀（からぼり）：防備のために掘った、水を入れない堀
搦め手（からめて）：城の裏に当たる方向
雁木（がんぎ）：塁の上などへ昇降する階段・石段
曲輪（くるわ）：城を構成する区画。それぞれに役割・機能を持たせている。「郭」ともいい、後には「丸」といった
虎口（こぐち）：城や郭の出入り口。侵入に備えて小さくしたり、周囲に土塁が築かれている
地取（じどり）：城の建設地を選定すること
天守（てんしゅ）：城の中心となる建造物。櫓が発達したもので、次第に権威の象徴とされるようになる
天守台（てんしゅだい）：天守の構造物がのる石垣
土累（どるい）：防備のために、土を盛り上げて土手のようにしたもの。土居とも
縄張（なわばり）：城を建設するためのグランドデザイン。曲輪の配置などを設定する
法（のり）：土塁、石垣の断面の斜面のこと
狭間（はざま）：矢や鉄砲の玉を射る小窓。平常時は塗り込められていることもある
本丸（ほんまる）：城の最も主要な曲輪のこと。本曲輪とも
水堀（みずぼり）：水をたたえた堀、古くは濠とも
物見（ものみ）：城内、近辺にある見張り台
櫓（やぐら）：物見などのために建てられる建造物

Part1. 北海道・東北の城

五《ご》稜《りょう》郭《かく》

北海道函館市

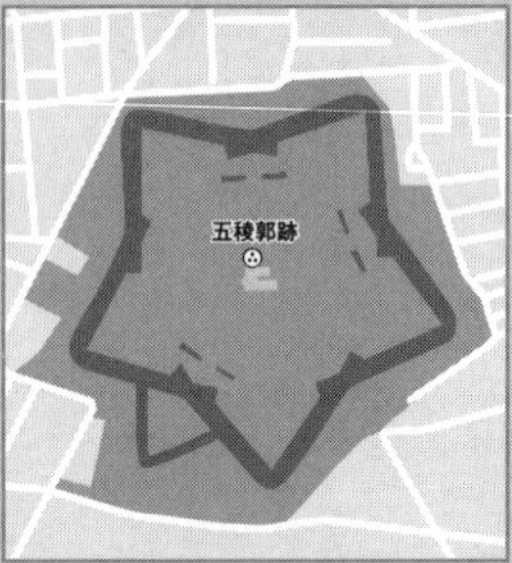

所在地

北海道函館市五稜郭町44

城DATA

築城年	**1866年**
別名	**亀田(御)役所土塁、柳野城**
城郭構造	**稜堡式**
天守構造	**なし**
築城主	**江戸幕府**
主な改修者	**なし**
主な城主	**なし**
廃城年	**1869年**
遺構	**土塁、石垣、堀、兵糧庫**
指定文化財	**特別史跡**
再建造物	**奉行所、板庫、土蔵**

MEMO

箱館戦争後、大半の建物が解体されたが、白壁の土蔵「兵糧庫」は難を逃れ、箱館奉行所は、2010（平成22）年6月に復元された。

完成時には時代遅れとなっていた西洋式城郭

明治維新の折、榎本武揚《えのもとたけあき》ら旧幕府軍が共和国樹立を目指して立て籠《こ》もり、政府軍と戦ったことで知られる函館五稜郭。「亀田塁《かめだるい》」、「亀田役所」とも呼ばれるが、五つの突き出した稜を持ち星型をしていることから「函館五稜郭」、または単に「五稜郭」と呼ばれている。函館とつけるのは、信州の五稜郭などとの区別のためである。

この城は西洋の近代型築城形式により設計されているが、この時代の日本にはまだヨーロッパで築城術を学んだ者は存在しない。設計者である伊予大洲藩《いよおおずはん》の武田成章《たけだなりあき》は、フランスの天才築城家・フランソワ・ボーバン（一六三三〜一七〇七年）の著書をベースに設計した。武田は蘭学のみではなく仏学も学んでいたので、ボーバンの著書から直接学ぶことができたのである。

こうした書籍は、安政二（一八五五）年に箱館へ入港したフランス軍艦の軍人が箱館奉行に贈呈したものである。武田はその書籍から設計図や絵図面を写し取って、西洋式築城術を学び、五稜郭築造の参考にしたのである。

箱館奉行所が幕府に提出した文書には、「箱館に入港する外国の軍艦は、どれも大砲が充実している。それに対応するためには、西洋各国で採用されている築城術を参考にして、西洋式土塁の方法で役所を築造したい」と書かれている。

「ボーバンに囲まれた町は必ず陥落し、ボーバンの築いた城塞は難攻不落」

ヨーロッパでは、こんな諺《ことわざ》すら生まれたほどである。実際、ボーバンは五十三回の攻城戦を行ない、そのすべてを落とし、ボーバンが築いたフランス北部の三十の城塞は、オランダとの戦いでは圧倒的な強さを発揮した。

安政四（一八五七）年春から五稜郭の工事を開始し、万延元（一八六〇）年に土塁・掘割・石垣の工事が完成した。そして文久二（一八六二）年からは、江戸の中川伝蔵によって、五稜郭の内部で御役所（奉行所）の建築が始まり、元治元（一八六四）年に役所の建物がほぼ完成となった。

しかし、函館五稜郭はボーバンの築城術をかなり正確に取り入れる予定であったが、八年に及ぶ工事の途中で幕府の資金が不足し、設計を簡略化して竣工させてしまったのである。

当初は石塁《せきるい》ではなく土塁とする予定であったが、土塁では冬季に凍結してしまうことから、構築とその保持が困難であり、基部を石垣に変更。これも資金不足となった要因の一つである。

大手前方に三角形のバルバカン（馬出し）を設けているが、当初はこれをすべての虎口《こぐち》に設置する予定であった。しかし予算不足で大手の一カ所のみの構築となっている。

総面積二十二万平方メートル、周囲三千五百メートル、三十メートル幅の濠《ごう》で囲まれた五稜郭は、一見して非常に堅固な近代要塞《ようさい》に感じられるが、火砲の発達により、その完成時にはすでに時代遅れの存在となっていたともいわれている。

一八六四年竣工の城が、一七〇七年に死んでいる人間の技術・思想である時点で、すでに時代遅れであることはわかっていただろうが、当時の幕府にとっては西洋式というだけで、それなりの説得力があったのである。

軍事技術に進化があるという概念のない、まさに前時代的な話である。江戸期を通じ、国内では火砲の進化はほとんどなく、大坂の陣当時の砲とさほど変わらない大砲が現役で用いられていた。同時代の西洋では、司馬遼太郎《しばりょうたろう》氏の小説で有名になった英国のアームストロング砲やドイツのクルップ砲などが発明された。これらは射程が四千〜五千メートルもあり、五稜郭などはすべてが射程内ということになってしまう。

ボーバン流の城塞は、小銃の死角を消滅させる縄張《なわばり》が本質的特長である。しかしこの時代には砲はすでに長射程となり、なおかつ砲弾内部に炸薬《さくやく》が仕込まれ、着弾すると爆発する榴弾《りゅうだん》が発明されたことで、このタイプの城塞の価値は激減していた。

五稜郭は函館の周囲を要塞で囲み、港湾要塞とするべく計画されたうちの一部であり、単独では本来的には存在意義のないものである。日露戦争での旅順港《りょじゅんこう》のように、港そのものを要塞化するべく計画されたもので、単独で戦いを行なうという前提は、この城には存在しない。

函館湾から五稜郭まで東西に弁天岬台場《べんてんみさきだいば》、矢不来《やふらい》台場、南に台場・堡塁《ほうるい》を七基、さらに四稜郭六基を構築する予定であった。そこまで完成して初めて函館港が軍事港湾として機能するのだが、それらが完成しない状態では近代的軍事要塞としてはほぼ無意味な存在であった。実際、五稜郭に籠もった榎本武揚ら旧幕府軍は、維新政府軍に対抗する術《すべ》もなく降伏している。

なお、五稜郭の東北三キロメートルほどの位置の丘陵上にある四稜郭は、函館戦争の直前に榎本武揚が築かせたものである。新政府軍の総攻撃を前に、五稜郭を目指して北方から進行してくるであろう新政府軍を想定してのもので、東西百メートル、南北七十メートルとても小さく、城というよりは野戦築城による砦《とりで》といったもの。蝶が羽を広げたような四稜の突角により構成されているため四稜郭と呼ばれている。

二百の兵と百人ほどの近隣住民による昼夜の突貫工事で、数日で完成したという。指揮・設計は大鳥圭介とされているが、フランス軍のブリュネ大尉の可能性もある。

短期で構築されたものだけに、防御力も弱く、函館戦争では新政府軍の攻撃を数時間支えただけで落ちている。

この時代、西洋城郭は各地の台場（港湾防御のための海上砲台）を中心にいくつもつくられているが、それらのほとんどが実戦では用を成さないものであった。日本が近代化に向け歩み出した、その最初の足あとがこれらの西洋式築城であったのだ。

弘前城《ひろさきじょう》

青森県弘前市

所在地

青森県弘前市大字下白銀町1-1

城DATA

築城年	**1611年**
別名	**鷹岡城、高岡城**
城郭構造	**梯郭式平山城**
天守構造	**独立式層塔型3層3階（現存）**
築城主	**津軽為信・信枚**
主な改修者	**津軽寧親**
主な城主	**津軽氏**
廃城年	**1871年**
遺構	**現存天守・櫓・門、石垣、土塁、堀**
指定文化財	**国重要文化財（天守・辰巳櫓・丑寅櫓・未申櫓ほか）**
再建造物	**二の丸東門与力番所**

MEMO

堀、石垣、土塁など城郭の全容がほぼ廃城時の原形をとどめ、8棟の建物と天守1棟が現存している。

幕府の目付け役として奥羽に睨《にら》みを利《き》かせる巨城

弘前城は津軽為信《つがるためのぶ》、信枚《のぶひら》の親子二代によって築城された弘前藩四万七千石の居城である。別名・鷹岡城《たかおかじょう》、高岡城。一六一一（慶長一六）年完成した近世城郭であるが、すでに江戸幕府の時代であり、外様《とざま》大名の城であることを考えれば、その規模の大きさは異例である。

津軽氏はもとは大浦《おおうら》氏といい、奥州に勢力を広げていた南部《なんぶ》氏に属していた。南部氏の一族であったといわれているが、出自についてはさまざまな説や伝承がある。

その大浦氏が南部氏から独立したのは、豊臣秀吉の小田原征伐に参陣した折、秀吉よりその所領を安堵《あんど》されてからである。この後、津軽と名を改めた。このとき、為信は秀吉には公家《くげ》の近衛家《このえけ》の流れであると主張し、後には元関白・近衛前久《このえさきひさ》の猶子《ゆうし》となり本姓を藤原と改めている。

南部氏からの完全独立を果たした津軽氏であるが、南部氏はこれを認めず、惣無事令《そうぶじれい》に違反する謀反人として逆に秀吉に訴えるのだが、石田三成らの助力により南部氏からの完全独立を果たすことになる。

関ヶ原の戦いのあと、三成の次男である重成や三女辰姫を保護するなどしたのは、このとき以来の交流によるものである。津軽家そのものは関ヶ原の戦いでは東軍として戦い、二千の兵をはるばる美濃にまで進め、大垣城を攻めている。

南部氏との確執もあり、津軽氏としては堅固な城を必要とし、築城許可を幕府に求めた。関ヶ原での働きも評価され、さらには家康の幼女・満天姫を正室に迎えたことで徳川譜代並みの扱いを受け、さらには南部氏、佐竹氏を抑えたいという幕府サイドの意向もあり、異例の規模での築城が許された。

為信が高岡に築城を決定したのは一六〇六年とされるが、翌年には死没してしまい、その意思は信枚に継がれることとなる。

その縄張は、兵法の達人と呼ばれた東海吉兵衛《とうかいきちべい》によるといわれている。

幕府の協力を得ての築城となったため、江戸より多くの奉行、大工、職人が派遣された。大坂の陣直前の普請《ふしん》では、防御力に劣ると思われる城下南方を強化すべく、南ため池（南塘）がつくられたが、このときの人員は一万人を数えたと伝えられている。幕府の協力があればこそであるが、これだけの工事を行なうのは並大抵のことではない。

城下を流れる岩木川が、天然の良港である十三湊《とさみなと》に通じ、日本海経由で京都・山陰・九州にまでつながる流通ネットワークを手にしていたことが津軽家の経済を支えていた。それ故《ゆえ》の大規模工事であった。

また、このネットワークは中央政界の事情をいち早く津軽家に伝え、小田原征伐での豊臣秀吉への臣従、関ヶ原での東軍参加といった生き残りのための選択を行なうときに情報源として機能していたと考えられる。

近隣の大光寺城《だいこうじじょう》、汗石城《あせいしじょう》、黒石城《くろいしじょう》から石を引き出し、門をはじめとする多くの建物を移築しているが、これは津軽氏への徳川家の信頼の厚さを物語るものである。さらには城の近くにあり、城内を見通せる位置にあった茂森山を削平《さくへい》するなど、地形改造まで行なっている。

それほどの大工事を弘前の地で行なったということは、裏を返せば、まだ徳川氏の政権に不安定さが残っていたということであり、佐竹氏や南部氏をはじめとする豊臣恩顧の諸大名への恐怖が存在したということでもある。

城郭は本丸、二の丸、三の丸、四の丸、北の郭、西の郭の六郭により構成された平山城である。東西六百十二メートル、南北九百四十七メートルに及ぶ規模は、奥羽には少ないものであるが、さらに城下の南端には三十三の寺が置かれ、城の防御構造の一画をなしている。

その最南端に津軽家の菩提寺《ぼたいじ》・長勝寺《ちょうしょうじ》があるため、これを「長勝寺構え」と呼ぶ。

城下南端の東側、寺沢川と土淵川《つちぶちがわ》の合流する位置には最勝院《さいしょういん》が置かれ、後には五重塔が建立された。

堀、土塁、枡形（一の門と二の門との間にある方形の広場）の存在からも、これらの寺が砦《とりで》や出丸《でまる》として計画されて建てられていることが理解できる。

現在、江戸時代以来の建物が九棟、現存している。天守のみが江戸時代後期の建物であるが、それ以外の建物は江戸初期以前の貴重なものである。

特に北の郭北門（通称亀甲門《きっこうもん》）は、大光寺城から移築されたもので、桃山時代の古建築として資料的価値も高い。

天守は江戸後期に再建されたもので、信枚による築城時は本丸の西南隅に五層の天守がその威容を誇っていた。完成後の十六年目の一六二七年、雷が原因で出火し、またたくまに燃え落ちたという。現在も本丸西南隅の石垣は西に張り出し、天守があったことを静かに主張している。

天守が焼失したあとは、経済的な理由から再建が行なわれないままであったが、九代寧《やす》親《ちか》の代の一八一〇年、弘前藩が十万石に加増されたことを記念し、本丸東南隅櫓（辰巳《たつみ》櫓《やぐら》）を解体新造した三層の天守が築かれた。日本に十二カ所残されている現存天守中、最北に位置するものである。

現在は、独立式層塔型三層三階の小ぶりの天守となっているが、一八九六年ごろまでは多門櫓や大型の建物とつながり、十万石の格式にふさわしい、なかなかに重厚な天守であったようだ。　建築年代こそ新しいが、東、南の両面には鉄扉窓はなく、矢狭間だけといったタイプの天守となっている。

二〇一五年夏に、天守を曳屋工法にて北西七十メートルへ移動した。再び元の場所に戻るのは、これは百年ぶりの石垣大修理のたであり、天守が元の位置へ戻るのは、早くても二〇二〇年の予定だ。

東に土淵川、西に岩木川・駒越川《こまごしがわ》が流れる、南北に長いこの地を選んだのは為信の軍師である沼田面松斎《ぬまためんしょうさい》であったという伝承があるが、この人物は北条流の軍学者であったとされているので、その影響であろう。

築城時の巨大工事を支えた流通ネットワークは、幕末には情報収集のためのアンテナとして働き、奥羽越列藩同盟《おううえつれっぱんどうめい》からの素早い脱退を決断させる一因となった。おかげで弘前城は戦火に遭うことなく明治を迎え、現在までその旧状をほとんど完全な形で残せているのである。

仙《せん》台《だい》城《じょう》

宮城県仙台市

所在地

宮城県仙台市青葉区川内1

城DATA

築城年	**1601年**
別名	**青葉城、五城楼**
城郭構造	**連郭式平山城**
天守構造	**なし**
築城主	**伊達政宗**
主な改修者	**伊達忠宗**
主な城主	**伊達氏**
廃城年	**1871年**
遺構	**石垣、土塁、堀**
指定文化財	**国の史跡**
再建造物	**脇櫓**

MEMO

太平洋戦争の米軍による仙台空襲により、大手門、脇櫓（隅櫓）、二の丸表舞台楽屋などがすべて焼失した。

イスパニアの使節も絶賛した「日本一堅固な城」

「青葉城恋歌《あおばじょうこいうた》」という歌が流行ったこともあるが、最近は若い歴史ファンの「伊達詣《だてもうで》」に賑《にぎ》わっている仙台城である。

伊達家の居城であった仙台城は、仙台市の青葉山に建っていることから「青葉城」とも呼ばれる。この地に城を築いたのは、独眼竜《どくがんりゅう》と称された伊達政宗《だてまさむね》である。

もともとは米沢を本拠としていた政宗だが、一五九一年に豊臣秀吉の命によって岩出山《いわでやま》に移り、岩出山城を居城としていた。しかし続く関ヶ原の戦いでは東軍に加わったことから家康より加増を受け、領土が南に広がった。そこで政宗は新たな所領にふさわしい本拠として仙台を選び、青葉山に新城を築いたのである。

仙台はもとは「千代」という名であったが、唐代の詩「同題仙遊観」の中にある「仙台初見五城楼」という句にちなんで政宗が改名したといわれている。

築城は一六〇一年に開始され、政宗は二年後の一六〇三年に築城途中で入城している。政宗が自分の代で築いたのは本丸部分である。政宗は天守こそ築かなかったが、本丸建築には梅村彦左衛門《うめむらひこざえもん》、彦作《ひこさく》の大工棟梁《とうりょう》父子や紀州の工匠である刑部左衛門国次《おさかべさえもんくにつぐ》、山城国の狩野《かのう》派絵師佐久間左京《さくまさきょう》など、各分野で名人、匠《たくみ》と呼ばれる人材が投入された。中でも大広間は千畳敷とうたわれる広大で豪華なつくりだったという。

仙台城の本丸御殿を築いたこれらの名人たちは、後に瑞巌寺《ずいがんじ》や大崎八幡《おおさきはちまん》神社などの国宝を築いたことでも知られている。

一六〇一（慶長六）年に政宗が築城とともに広瀬川をまたぐために仙台橋をつくった。その橋の擬宝珠の銘文に「藤原政宗」の言として、「仙台橋　仙人橋下　河水千年　民安国泰　孰与尭天」と刻まれている。意味は「仙台橋は、仙人様が橋の下にいる。だから川の水が千年もたえることなく流れている。民安く、国泰く。尭の世と比較してどちらがよい世であろうか」といったものだ。仙台藩とその民が永遠に平和に安らかに栄えるようにとの祈りを込めて、仙台城と城下町の建設にあたったことがわかるだろう。

また築城と同時に城下町の整備も進められ、城の東側にある森林や湿地を開拓して家臣や町人たちが住むための土地を用意した。そして政宗は一六〇一年に岩出山に住む武士や町人に対し、仙台への移住を命じている。

築城にあたっては近在の農家一戸につき一人の男手を出すことが義務づけられ、一六一〇年ごろには本丸はほぼ完成したという。翌一六一一年に仙台を訪れたイスパニアの使節セバスティアン＝ビスカイノは、仙台城を「日本で最も優れ、最も堅固な城の一つである」と評している。各分野の名人を率いて政宗が築いた仙台城は、奥州の覇者にふさわしい威容を誇っていたようだ。

いまだ徳川方と豊臣方が争っていた時代に築かれただけあって、仙台城は青葉山の地形を生かした実戦的な構造となっている。青葉山の東では高さ六十メートルの断崖が敵を寄せつけず、さらに北から東に流れる広瀬川が保護していた。また、南にも深さ四十メートルの谷が待ちかまえ、西には厚い原生林が人の足を阻《はば》んだ。仙台城で待ち受ける政宗にしてみれば、北からの攻撃にのみ備えればいいのである。攻め手の攻勢ルートが限定されていれば、守備側にとってこれほど楽なことはない。火線をそちらに集中し、一点防御を続けていれば守れるのだから。

本丸において天守に相当する建造物として、本丸の北東（丑寅）方位に艮櫓《うしとらやぐら》があった。また、本丸の南側には谷にせり出した眺望亭が築かれ、政宗はそこから眼下の兵を一望したという。

ただし、堅固な仙台城は日常生活にはいささか不便であったようで、政宗は一六二八年に別邸として若林城を築いている。

堅固な居城を完成させた政宗だが、本丸完成後は自らの城の建設に集中することは許されなかった。一六一五年ごろからは大坂の役へ出兵したり、江戸城の築城、修復などを命じられたりといった事情で仙台を離れることが多かったのである。そのため仙台城の二の丸が完成したのは一六三九年、二代忠宗《ただむね》の代になってからであった。

ちなみに二の丸築城の際に政宗の別邸若林城は廃城となり、その城門や書院は二の丸に移築されている。

政宗は青葉山の山上を削って平地化した土地に仙台城を築いたが、忠宗は二の丸を青葉山の山下に築いた。そして藩政のほとんどは、二の丸で行なわれるようになっていった。天下泰平の徳川の世にあっては、山上に位置する本丸にこだわる必要がなかったのである。むしろ、戦いを放棄する姿勢を幕府に見せることで、幕府からの疑いを回避すべく、意図的に城から軍事的色彩を消していたともいえる。天守を築いていないのも、同様の意味合いからである。

後に築かれた三の丸も山下に置かれ、本丸御殿は政宗に二十年間ほど使用されただけに留まっている。山上の本丸がお飾りと化していった事実は、戦国の世に生きた初代政宗と徳川の世を生きる子孫たちとの意識の違い、そして城が持つ役割の変化を明確に表しているといえるだろう。

仙台城は江戸時代を通じて伊達家の居城であり続けたが、明治時代になると本丸の建造物が取り壊された。二の丸は壊されずに残っていたものの、一八八二年に火災によって多くの建造物が焼失してしまう。そして残された大手門と大手門脇の隅櫓が国宝に指定されていたが、一九四五年の空襲で焼失している。

多くの建築物が焼失した仙台城には現在、復元された隅櫓が立ち、三の丸跡地は仙台博物館となって市民に利用されている。また、三の丸にあった堀は五色沼、長沼と名を変えて現在も残されている。

多《た》賀《が》城《じょう》

宮城県多賀城市

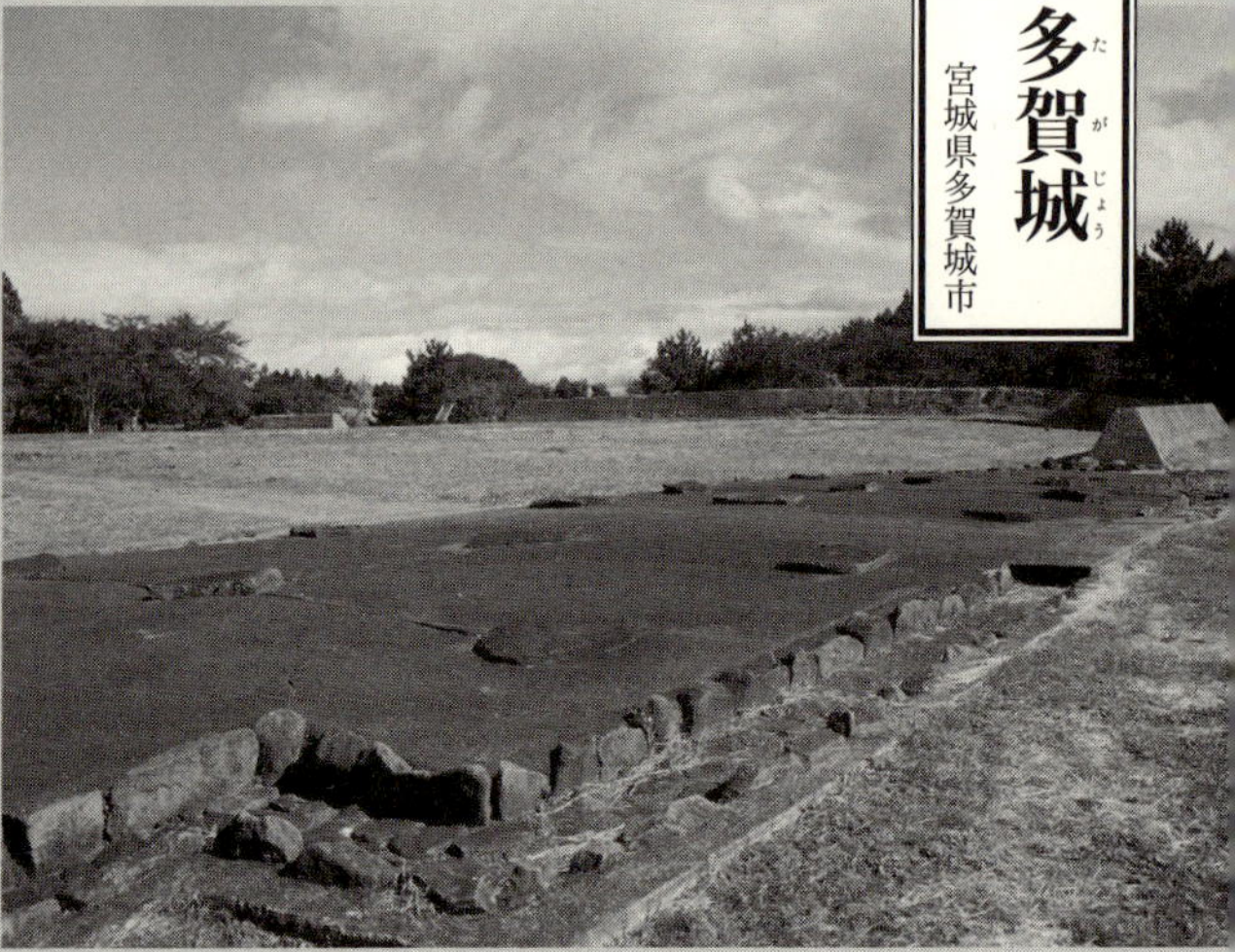

所在地

多賀城市市川字城前

城DATA

築城年	**724年**
別名	**なし**
城郭構造	**古代城柵**
天守構造	**なし**
築城主	**大野東人**
主な改修者	**不明**
主な城主	**ー**
廃城年	**不明**
遺構	**ー**
指定文化財	**国の特別史跡**
再建造物	**ー**

MEMO

約 900 メートル四方という広大な城内の中央には、政庁があったとされ、平城宮跡（奈良県）、太宰府跡（福岡県）とともに日本三大史跡に数えられている。

六百年余もの間、奥州統治の中心となった権威の象徴

多賀城は畿内《きない》の大和政権が、東国の「蝦夷《えみし》」を制圧するために軍事拠点として設置した城である。場所は松島丘陵の南東部分である塩釜丘陵上。創建は七二四年、大野東人《おおののあずまひと》が築城者とされている。

陸奥《むつ》の国府を多賀城に移し、鎮守府《ちんじゅふ》を設置した。そして政庁やいくつもの寺院、蔵などを建設し、広大な範囲を城柵で囲み、さらにはいくつもの櫓で防御力を強化している。政庁は丘陵上に置かれているが、その麓には東西南北の条坊、碁盤の目状の道路が整備され、京の都のような計画された都市づくりがなされていた（後の多賀国府）。

鎮守府兼陸奥国府として、その権力や影響力は絶大で、ある種の独立した国家のような形態だった。この奥州の多賀城と九州の大宰府《だざいふ》、そして畿内の中央政庁とで日本全土を支配し、ここに現在の日本の原型が成立したのである。

それまでは奥州は朝廷にとっては異国の地だが、資源も豊かで文化的だったため、侵略価値があった。そこで、この多賀城を中心とするいくつもの城柵の設置により、それまで大和朝廷に服していなかった奥州の蝦夷を討伐し、さらには従え、勢力範囲に取り込んだ

のである。

要するに侵略の拠点である。

外郭は東西九百メートル、東側南北辺千五十メートル、西側南北辺六百六十メートルの台形をなしていた。周囲には、高さ五メートル、幅二〜三メートルの築地をめぐらせていたが、城としての防御能力にはあまり期待できるものではなく、七八〇年に発生した反乱では、城内の官員は抵抗を見せずに多賀城を放棄し逃走している。反乱軍は、倉庫の物品を略奪し、放火して立ち去っているので、やはり防御拠点としては評価されていなかったといえるだろう。八〇二年、坂上《さかのうえの》田村麻呂《たむらまろ》が蝦夷討伐戦を行ない、戦線を進めるにあたり、鎮守府も胆沢城《いさわじょう》（岩手県奥州市）まで進め、そのころより多賀城は兵站《へいたん》機能のみの〝補給物資の集積地〟へと役割を移行した。八六九年に陸奥国で大地震が起き、多賀城も多くの施設が被害を受けると、完全な復興はできず、次第に維持・管理もされなくなっていった。

しかし、一躍その存在感を示すこととなる事件が起きた。平安時代後期の奥州を舞台とした、前九年の役《えき》（陸奥の豪族安倍頼時《よりとき》とその子貞任《さだとう》・宗任《むねとう》らが起こした反乱。朝廷は源頼義・義家を派遣して平定させた）や後三年の役（清原氏の内紛に陸奥守として赴任した源義家が介入し、藤原清衡《きよひら》を助けて清原家衡・武衡を滅ぼした）である。この戦役によって多賀城は軍事的拠点として機能し、忘れかけていたその存在を都に示した。

　南北朝時代には後醍醐《ごだいご》天皇の建武の新政の中で、陸奥守・北畠顕家《きたばたけあきいえ》らが義良親王《のりよししんのう》とともに、多賀城に東北地方の新政府、奥州将軍府を誕生させ、奥州と北関東を統治した。奥州将軍府は多賀城の陥落後は、その実質的意味を失い、将軍府の中心的武将、伊達行朝《だてゆきとも》の所領に移転したが、すでに形骸となっていて、わずかばかりの権威の象徴としての存在でしかなくなっていた。

　現在は少しずつであるが整備も進み、また発掘調査も継続して行なわれ、見応えのある観光地となりつつある。ゆっくり一日かけて見学したい観光スポットとして最近では賑わっている。

　血なまぐさい大和朝廷の侵略の前線拠点も、千年の時間が古《いにしえ》のロマン溢《あふ》れる観光史跡へと変えてしまうのであるから、時の力というものは偉大である。芭蕉も絶句し、歌を詠めなかったほどの古代からの歴史の厚みを、ぜひとも一度は味わっていただきたい。

白石城《しらいしじょう》

宮城県白石市

所在地

宮城県白石市益岡町1-16

城DATA

築城年	**鎌倉時代(11世紀終わり)**
別名	**益岡城、枡岡城**
城郭構造	**梯郭式平山城**
天守構造	**大櫓(三階櫓)複合式層塔型 3重3階**
築城主	**刈田経元**
主な改修者	**蒲生郷成**
主な城主	**白石氏、蒲生氏、上杉氏、片倉氏**
廃城年	**1875年**
遺構	**石垣、移築門、移築蔵**
指定文化財	**なし**
再建造物	**三階櫓、門、塀**

MEMO

城跡は益岡公園となっていたが、1990 (平成 2) 年に発掘調査、92 年 9 月に三階櫓 (天守閣)、大手一ノ門・大手二ノ門の復元工事を開始、95 年 3 月に完了した。

二万人弱の職人が腕をふるった復元城

一九九五年、地元の人々の機運が高まり、そして行政と一体となり、念願であった白石城の天守が復元された。現在、宮城県白石市のシンボルとして地元の人々の誇りとなっているこの城は、延べ一万八千三百人もの職人たちが二年という歳月をかけて、当時の姿を忠実に再現した城郭だ。別名「益岡城《ますおかじょう》」ともいい、幕末に解体されて以来、その姿を目にすることはできなかった。

白石市は宮城県の最南端に位置し、厚樫《あつかし》山地、蔵王《ざおう》連峰、阿武隈《あぶくま》山系に周囲を囲まれた盆地である。陸羽街道と七ヶ宿街道《しちがしゅくかいどう》の交差する地で人々の往来は活発だった。

このような交通の要衝に築城したのは後三年の役のあと、鎌倉時代の刈田経元《かったつねもと》によってである。

十一世紀の終わり、源義家《みなもとのよしいえ》の命により奥州清原氏を討ち、この地を御恩でもらった際に居城を構えたといわれている。

一五九一年、秀吉による奥州仕置きで、伊達氏の支配下にあったこの地が没収され、現在の福島県にあった会津若松とともに蒲生氏郷《がもううじさと》に与えられた。氏郷は家臣蒲生源左衛門郷《さと》成《なり》に命じ、本格的に築城を開始させ、城主となった。

そのわずか七年後の一五九八年、氏郷の子である秀行《ひでゆき》が上野国《こうずけのくに》へ移封となり、代わりに越後より上杉景勝《うえすぎかげかつ》が入封、すぐに家臣甘粕備後守清長《あまかすびぜんのかみきよなが》に白石城の改築を行なわせ、そこを居城とさせた。

一六〇〇年、徳川家康が上杉景勝を討伐する兵を出すと、家康の命を受けた伊達政宗が白石城を包囲、甘粕清長を討ち、落城させている。

関ヶ原の戦いの加封として政宗は、この地一帯を与えられる。さっそく城を修築し、仙台城の支城として、重臣の片倉氏を住まわせた。

この後、一六一五年に幕府から一国一城令が公布されたが、白石城はこの法令の例外として残すことを許され、仙台城とともに伊達領を守っていくこととなる。一国一城令の特例として白石城を許可したのは、伊達への信頼ゆえか、はたまた百万石を与えるといって与えなかったことへの罪滅ぼしか、ともかく特例であることに変わりはない。

江戸が終焉を迎え、新たな時代に突入したあとも、白石城はたびたび重要な役割を果たしてきた。反新政府軍として東北諸藩が奥羽列藩同盟を結盟したのは白石城で、白石盟約書という名の誓約書が調印されている。また明治初頭には按察《あぜち》府という明治政府の広域行政府が置かれた。

そんな白石城であるが、城主片倉家は北海道に移住・開拓する費用を捻出するために白石城の売却を申請し、一八七四年には民間に払い下げられて解体されてしまった。

それから百二十年、白石城は市民の手により、その一部を復元した。

石垣は自然の石をそのまま積む「野面積《のづらづ》み工法」を採用している。これは古い石垣の積み方で、石をほとんど加工しないで積み上げていくという方法で、石垣の復元の際にこの野面積みを行なったのは白石城が初めてである。メリットとしては、圧力が石垣全体に均等分散されたり、土中の水はけがよかったりと、土圧や水圧で石垣が部分的に外に押し出されないということがあげられる。表面をきれいにするのは強度の問題ではなく、むしろ見た目の問題で、この選択は英断である。

城壁は「竹小舞《たけこまい》」といい、壁の芯にあたる部分を竹木で組み、そこに土壁を重ねていくという昔ながらの方法がとられた。

屋根瓦は約四万三千枚を瓦職人が葺《ふ》き上げている。いぶし瓦で、屋の軒先を飾る軒丸瓦《のきまるがわら》には当然、伊達の家紋の三ッ引両が刻まれている。これらは発掘調査で出土した瓦を復元して使われた。

このように多くの職人の手によって工事は行なわれ、一九九五年には三階櫓など本丸の一部が完成している。

米沢城《よねざわじょう》

山形県米沢市

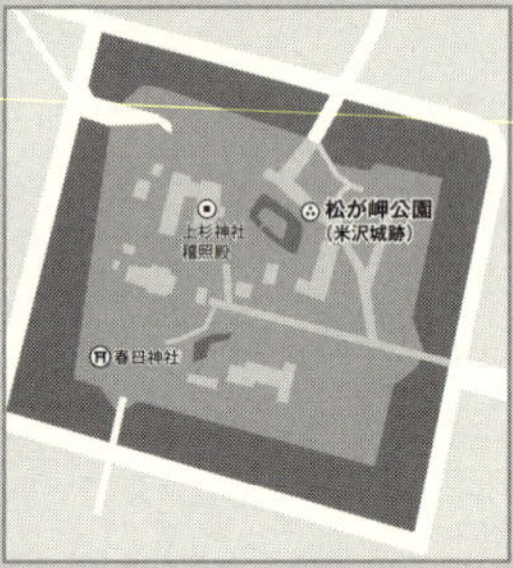

所在地

山形県米沢市丸の内1-4-13

城DATA

築城年	1238年頃
別名	舞鶴城、松ヶ岬城
城郭構造	輪郭式平城
天守構造	御三階櫓2基(層塔型3重3階)を天守として代用
築城主	長井(大江)時広
主な改修者	伊達晴宗、蒲生郷安、上杉景勝
主な城主	長井氏、伊達氏、蒲生氏、上杉氏
廃城年	1871年
遺構	土塁、堀
指定文化財	なし

MEMO

現在、城跡は松ヶ岬公園となっており、本丸跡には上杉神社が祀られている。北側には上杉家伝来の宝物殿、二の丸跡には伝国の杜などがある。

直江兼続の智恵が随所に取り込まれた堅城

米沢は、二〇〇九年のNHK大河ドラマ「天地人」の主人公、直江兼続《なおえかねつぐ》が入封し、関ヶ原の戦いで敗北したあとは、兼続の主君・上杉景勝が入ったことで有名になった地。直江兼続や上杉景勝、前田慶次郎《まえだけいじろう》目当ての観光客が増えているという。前田慶次郎とは加賀百万石の前田利家《まえだとしいえ》の甥であり、直江兼続の友人であるとされている人物だ。

さて、そういった意味で非常に注目を浴びている米沢の地であるが、米沢城そのものの歴史は、上杉・直江主従が入封するはるか以前に遡《さかのぼ》る。最初に築城されたのは鎌倉時代中期、大江広元《おおえのひろもと》の次男・時広《ときひろ》による。ちなみに、大江広元は鎌倉幕府創業の功臣である。

ただ、当時の城は柵をめぐらせただけで、堀も一重程度の小規模な館ととらえるのが正しいだろう。

長井郷の地頭《じとう》として赴任した時広は長井氏を名乗り、その後百五十年、この地を支配した。鎌倉幕府の北条氏、室町幕府の足利氏のもと名門御家人として活躍したが、伊達宗遠《だてむねとお》の侵攻を受け、その子正宗により一三八五年についに滅ぼされてしまう。なお、戦国時代末期に奥州で覇を競った伊達政宗は、この長井氏を滅ぼした正宗にあやかって名をつけられている。

その後、米沢城は伊達家の支配下に置かれることになり、この地で前述の政宗は生まれている。豊臣政権に刃向かい、秀吉からの上洛の命を無視し、小田原への参陣命令にもなかなか服さず遅参した政宗は、米沢のある置賜郡《おきたまぐん》を没収され、かわりに蒲生氏郷がこの地を支配し、その重臣・蒲生郷安《がもうさとやす》が米沢城を守ることになる。一五九七年に氏郷の子、秀行が宇都宮に移封となると、会津には上杉景勝が百二十万石の大封で入封し、米沢には直江兼続が三十万石を与えられて入ることになる。

この時点では上杉家にとって米沢は支城でしかなく、あまり強化はされていない。豊臣政権により国内が安定し、それに伴い、上杉・直江主従が京・大坂にいたということもあり、あまり手を入れられなかったのだろう。関ヶ原の戦いで石田三成率いる西軍が、「狸おやじ」の異名を持つ徳川家康の老獪《ろうかい》さに敗北すると、上杉家も減封の憂き目にあい、上杉家は百二十万石の大大名から、一転して米沢三十万石に押し込められてしまう。単純に考えて、収入が突然四分の一になったということだ。上杉家がまとまりのよい家であるだけに、家臣のほとんどが主家を見捨てずに残り、苦肉の策で全員の禄高《ろくだか》を一律三分の一としてしまった。

下臣の直江兼続の領地であった米沢に上杉家全員が入るというのだから、移転直後は混乱の坩堝《るつぼ》と化していた。米沢城下には侍屋敷が八百戸から千戸ほど、町人屋敷が千戸ほどあったというが、数カ月の間に、この限られた場所に新規に数万の人々が押し寄せてきたのである。

そんな住む場所もない状態でありながら、移転してきた上杉家臣が最初にしたことは、上杉家の精神的支柱、軍神・上杉謙信の遺骸の安置であった。

移転後、二の丸、三の丸、町屋敷、武家屋敷、寺町を配置し、少しずつ整備を行なうも、経済的にかなり逼迫《ひっぱく》している状況で、城の普請はなかなか開始することはできなかった。

輪郭式に本丸から外側へ二の丸、三の丸を構え、10基の櫓と17棟の門が開かれた。上杉氏築城当時30万石の大名の居城であって、石垣や天守は構えられず、土塁を築き本丸に2基の三階櫓を建てて天守の代用としていた。

民政家の兼続は、城の整備よりも治水や町割りの整備に力を入れ、城普請にとりかかれたのは、移転の三年後だ。一説に幕府に恭順《きょうじゅん》の意を示すために、意図的に城の整備を遅らせていたともいうが、ここは素直に資金不足と優先順位の問題だろう。すでに天下はおさまっている。徳川の天下はそれなりの安定を保ち、上杉家が反乱をしない限りは当分、戦はないと見て間違いない。であれば城にかける予算がなかったと考えても、さほどに間違いではない。いや、藩として生き残るには、それしかないだろう。

白壁の土塀をつくる予算は捻出できず板塀になった。豊臣系武将としては当然のように石垣で囲みたいところも、涙を飲んで土塁とするというように、徹底的なコスト削減を行なって建てられている。三十万石の大名でありながら、天守もつくれなかったのだから、藩の窮乏《きゅうぼう》は推《お》して知るべしであろう。

しかし、さすがに兼続は智者である。米沢城にはさまざまな仕掛けが用意されている。たとえば、城の西方に流れる掘立川《ほったてがわ》を有事にはせき止められるようになっている。河川敷は農地として利用されていて、川幅そのものは二〜三間しかないが、ここが有事には十五間ほどの水堀となる。大人数を収容するため、屋敷地の幅を一定とし、奥行を二十五間、間口を六間と定めた。これは身分の上下、町人・武士に関わりなく一律だった。ただし、裏手の土地を切り拓くことは許されていて、多くの屋敷で奥行を拡げる努力がなされた。

一六一一年ごろでは、侍屋敷の数は三千を数えたというが、これらのほとんどが掘立柱に藁葺という質素さであったという。このような厳しい状況にも関わらず、上杉家の武芸の家としての誇りは守られ続けた。城下には武芸所がいくつも立ち並び、藩士はこぞってその技を競った。また、鉄砲鍛冶《かじ》を密《ひそ》かに呼び寄せこれに禄を与え、城下から離れた地で、幕府に見つからないように鉄砲を量産させた。それも口径の大きい大鉄砲の類である。

城は土塁、板塀、天守もないという哀れな姿ではあったが、上杉家の武はまったく衰えてはいなかった。

現在、城域のほとんどは上杉神社の境内となっている。よくも悪くも、上杉家の中心はいつまでも謙信公なのである。

会津若松城《あいづわかまつじょう》

福島県会津若松市

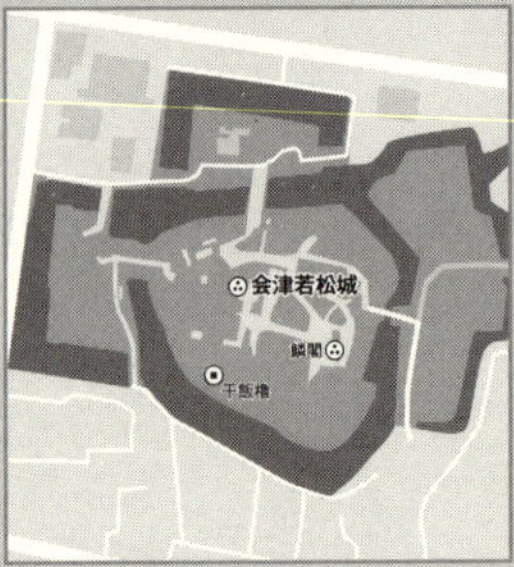

所在地

福島県会津若松市追手町1-1

城DATA

築城年	**1384年**
別名	**鶴ヶ城、黒川城**
城郭構造	**梯郭式平山城**
天守構造	**層塔型5重5階(RC造 1965年外観復興)**
築城主	**蘆名直盛**
主な改修者	**蒲生氏郷、加藤明成**
主な城主	**蘆名氏、伊達氏、蒲生氏、上杉氏、加藤氏、保科氏・会津松平家**
廃城年	**1874年**
遺構	**石垣、土塁、堀**
指定文化財	**国の史跡**
再建造物	**天守・門・櫓・長屋**

MEMO

現在の復元天守棟上には鯱があげられているが、明治初年の古写真には鯱が確認できない。ただ、江戸時代の絵図には鯱が描かれているものもある。

戊辰《ぼしん》戦争の悲劇、白虎隊の守りし誇り

会津若松城、または鶴ヶ城《つるがじょう》と呼ばれるこの城の歴史は古く、初めて当地に城が築かれたのは南北朝時代のことである。会津若松城のルーツといわれる黒川館を建てたのは、当時この地を治めていた蘆名直盛《あしななおもり》だという。以後、約二百年にわたり会津は蘆名氏に治められていたが、一五八九年に蘆名義弘《よしひろ》が伊達政宗に破れ、黒川城は政宗の居城となった。

だが、政宗はその翌年に会津を没収されている。豊臣秀吉の小田原攻めに遅参したことへの処置だ。そして政宗のあとに蒲生氏郷が会津と黒川城を引き継いだ。現在の会津若松の礎《いしずえ》となる街を整備したのは、氏郷である。

氏郷は織田信長に仕《つか》えた武将で、信長の死後は秀吉に仕えていた。もとは伊勢松ヶ嶋《いせまつがしま》の城主であったが、秀吉の天下統一に伴い十二万石から四十二万石に加増され、黒川城に入城している。

氏郷は文武に優れた武将だったと伝えられ、早くからその才能を見抜いた信長は娘の冬姫を嫁がせている。また、氏郷自身もその実力に負けないだけの野心を秘めていたようで、四十二万石に加増されたことを喜ぶよりも、「近畿からこんなに遠ざけられては天下は望

めない」と悲しんだという。

だが一方で氏郷は悲嘆に暮れることなく、精力的に会津の地を開発した。黒川という城下町の名を、現在まで続く若松に改めたのも氏郷である。また、黒川城も鶴ヶ城へと改名した。若松の「松」と鶴ヶ城の「鶴」という字は、縁起を担いでつけられたものである。当時の政の中心であった近畿から遠ざけられながらも、決して腐ることなく新天地を発展させようとした氏郷の想いがうかがえる。

鶴ヶ城と名を改めた新城の大改修は一五九二年に開始され、翌年には五重七階の天守が完成した。この天守についての詳細な記録は残されていないが、近年になって氏郷時代の金箔瓦が出土したことにより、大坂城と同じく黄金色に輝くみごとなものであったことが推測されている。

それまでの奥州に類を見ない巨大で豪奢《ごうしゃ》な天守は、蒲生氏というよりも豊臣氏の権勢を知らしめる目的があったといわれる。会津若松城には、奥州全域に秀吉の勢力と経済力を知らしめ、一帯の大名を牽制する役割も与えられていたのだ。事実、前領主である政宗はたびたび会津を狙うそぶりを見せ、氏郷と対立していたという。「独眼竜」と呼ばれた政宗と「麒麟児《きりんじ》」と称された氏郷は、さながら冷戦のような緊張状態を保っていたのである。

氏郷は自らが発展させた若松に長く住むことはなく、一五九四年に四十歳で病没してしまう。氏郷の死後は上杉景勝が入城し、その後は氏郷の子、秀行が城主として復帰する。だが、その秀行も三十歳で没し、弟の忠郷も早世したため蒲生氏は断絶した。

次いで城主となった加藤嘉明《かとうよしあき》は城の北出丸と西出丸を設け、城の防御を強化している。出丸とは主に出入口に築かれるもので、敵の突撃経路を狭めたり視界を妨げたりするための防御区域である。しかし、この加藤氏も次の明成の代に幕府の大名取り潰し策により改《かい》易《えき》となり、一六四三年に保科正之《ほしなまさゆき》が城主となった。

正之は徳川秀忠《ひでただ》の四男であるが、正室の子ではなかった。侍女《じじょ》に妊娠させたことを知った恐妻家の秀忠は、正室・お江与《えよ》の激しい気性を恐れ、侍女の妊娠を隠すために武田信玄の次女・見性院《けんしょういん》に一時正之を預け、その縁で旧武田氏家臣の信濃国高遠《たかとお》藩主・保科正光《まさみつ》が預かり、正光の子として育てたために、保科と呼ばれているのである。武田の名家・保科の名であれば、将軍家の血筋としても、決して見劣りはしない。

その後、保科氏は三代正容《まさかた》の時代に松平の姓を賜《たまわ》り、以後、松平家は幕末まで会津若松城の城主を世襲した。

徳川慶喜が大政奉還により統治権を返上すると、一八六八年、いまだ抵抗を続ける会津藩には長州を主力とした官軍が攻め入った。幕末の京で多くの長州藩士を斬った新選組は会津藩預かりの者たちであったため、そのときの恨みが会津への攻撃をさらに苛烈にさせたといわれている。

官軍による砲撃は激しかったが、会津若松城の城壁の高さに阻まれて当初は城内に攻撃が届かなかった。だが、官軍が城の東に位置する小田山を占領すると戦況は一変し、山頂から打ち込まれる大砲により死傷者が続出したという。城内ではあまりの死者数により埋葬が間に合わず、やむなく井戸に遺体を放り込んだものの、やがて井戸すらもいっぱいになってしまったと伝えられる。それでも会津藩士と会津城は一カ月にわたって籠城戦を耐え抜いたが、ついには官軍に降伏した。当然ながらこの激戦により会津若松城は各所が損傷し、江戸時代のころの姿は失われてしまったという。

城跡はしばらくの間は若松県の県庁として使用されたが、一八七〇年に城のとり壊しが決定し、一八七四年には石垣や堀のみの廃城となった。

現在の会津若松城は一九六五年に築かれたもので、天守は鉄筋コンクリートで五重五階のものになっている。また、二〇〇一年に南走長屋《みなみはしりながや》や干飯櫓《ほしいやぐら》が復元されるなど、近年になってからも復元事業が続けられている。

Part2. 関東の城

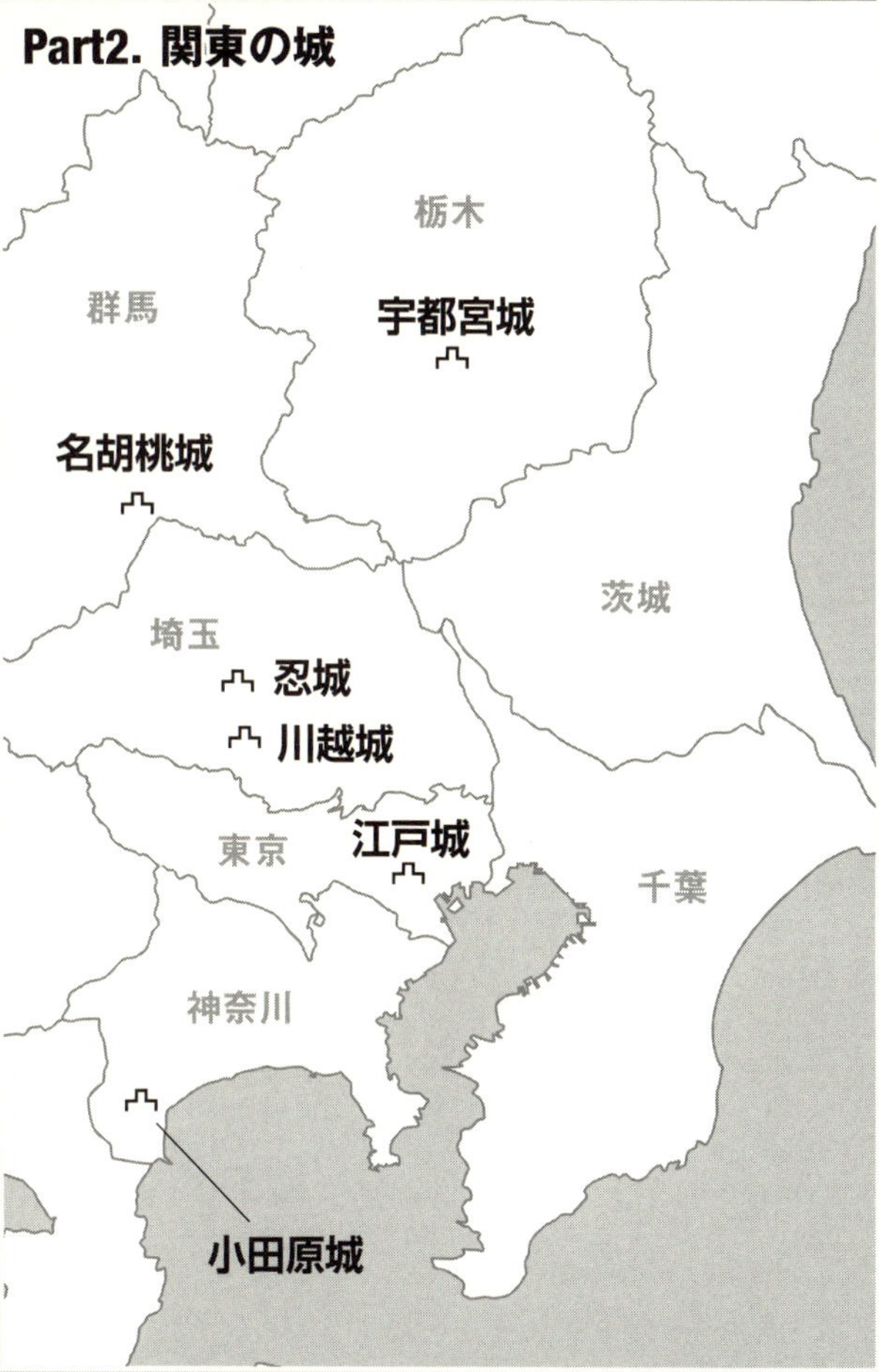
栃木
群馬
宇都宮城
名胡桃城
茨城
埼玉
忍城
川越城
東京
江戸城
千葉
神奈川
小田原城

宇《う》都《つの》宮《みや》城《じょう》

栃木県宇都宮市

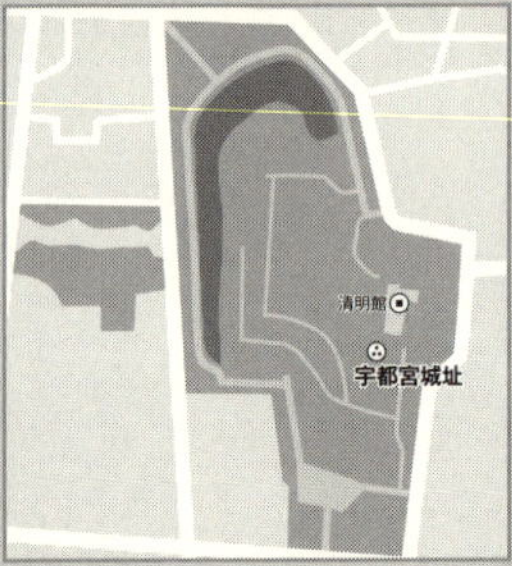

所在地

宇都宮市本丸町1-1

城DATA

築城年	平安時代末期(11世紀後半)
別名	亀ヶ岡城
城郭構造	輪郭梯郭複合式平城
天守構造	なし
築城主	藤原宗円
主な改修者	本多正純
主な城主	宇都宮氏、本多氏、奥平氏、戸田氏
廃城年	1868年
遺構	土塁、大いちょう
指定文化財	なし
再建造物	清明台櫓、富士見櫓、土塁・堀、土塀

MEMO

明治時代に城内は御本丸公園が整備され、城門などは民間に払い下げ、移築された。現在も市内瓦谷町の個人宅の門として使われている。

徳川幕府の有事の際には、最終的な軍事拠点に

宇都宮といえば、最近では餃子の街として有名だ。世の中、何がどんな形で流行になったり、また名物になるのかわからない。宇都宮城も、いつの日にか宇都宮名物の定番へとなってもらいたいものだ。

ただ、関東七名城に数えられる宇都宮城であるが、残念なことに戊辰戦争の攻防により、そのほとんどを焼失させてしまった。近年になり復元の動きがようやく起こり、城郭の一部ができ始めている。櫓や土塀に加えて、今後は本丸の御殿や門を復元する計画もあるという。

宇都宮城は亀ヶ城《かめがじょう》、唐糸城《からいとじょう》とも呼ばれる栃木県宇都宮市の城で、天守のない、中世以来の平城である。

藤原道長《みちなが》の兄である道兼《みちかね》の曾孫の藤原宗円《ふじわらのそうえん》が下野国《しもつけのくに》の守護職に任命され、ここに土着したときに宇都宮城は築城された。ときは前九年の役のあと、十一世紀後半。その後、城主を頻繁に代えてはいるものの、宇都宮城は八百年近くにも及び下野国を守ってきた。

そもそも宇都宮とは、天皇に従わない者を「討つ」ための、その戦勝を願う「宮」であり、「討

つの宮」が転じて「宇都宮」と名づけられたといわれている。この当初からの意義を藤原宗円以下、藤原家の城主は代々守っていたと見受けられ、京との関係をしっかりと維持し、京文化を下野に定着させることに努めたという。

また三代朝綱《ともつな》のときには、藤原姓を宇都宮と改め、関東の名門である鎌倉御家人のエリートとして勢力を振るったという。宇都宮城は由緒正しき血筋の城郭だったのだ。

さてその宇都宮氏であるが、十六世紀末に行なわれた太閤検地《たいこうけんち》の際、申告していた石高《こくだか》が大幅に違っていたことが発覚し、第二十二代城主の国綱《くにつな》は備前に配流され、以来宇都宮氏は歴史の表舞台から姿を消してしまうことになる。

その後、宇都宮城は浅野長政《あさのながまさ》、蒲生秀行、大河内久綱《おおこうちひさつな》などといった大名に引き継がれた。一六二九年に下総小山から入封してきた本多正純《ほんだまつずみ》の時代には、城下に近代的な町の基礎が築かれ、繁栄した。宇都宮の地は日光街道と奥州街道の交わる交通の要衝であり、城主は代々日光を守護する役目を負うことになり、将軍の東照宮参拝の際には宇都宮城に将軍が宿泊するという伝統があった。そのため、もともとかなりな堅城であったこの城が、さらに防御力を高めた構造に改築されている。

現代の人々が考えるよりも徳川幕府にとっての日光は、大切な場所であった。有事の際には最終的に、将軍家が日光を拠点に戦うことまでもが想定されていたという。その場合の敵とは西国の諸大名であり、彼らが将軍家に反乱を起こす以上は、当然ながら朝廷のお墨付きが与えられているはずである。

それに対抗できるよう、日光にはある仕掛けが施されている。まず、日光に祀られた家康の大権現《だいごんげん》の神号であるが、これは家康がイザナキ・イザナミと同格の立場になっている。僧の天海が家康を日光に祀ったとき、即位灌頂《かんじょう》の儀式がなされたともいわれている。さらに、天海はこの日光で、「三種神器秘印明」なるものを修したことになっている。つまり、形・理屈のうえだけではあるが、日光にはイザナキ・イザナミと同格の大権現たる家康がいて、さらに霊的に三種の神器と同等の神威が秘められていることになる。

さらに日光山輪王寺《にっこうざんりんのうじ》の門跡には、親王、つまり天皇の血筋の者を迎え入れており、血、霊威、格のすべての面で、天皇にとって代われるシステムを用意していたということである。

驚くべきことに、このシステムは幕末に正しく発動している。いわゆる「東武皇帝」である。

奥羽越列藩同盟の一つの精神的支柱として、輪王寺宮公現法親王、後の北白川宮能久親《きたしらかわのみやよしひさしん》王《のう》は、戊辰戦争の折、東武皇帝として即位し、列強諸国もそのことを新聞で報じていたほどなのだ。

宇都宮城は、本丸を二の丸と三の丸が囲い、さらに四重の堀がそのまわりを巡るという念の入った縄張をしている。本丸には北櫓、東櫓、辰巳櫓、富士見櫓、青明台櫓といった五基の櫓が建てられて、将軍の宿泊用の御成御殿もその中心に建造されていた。

二の丸には南北にそれぞれ一つずつ門があり、その内側にはさらに三基の櫓と、藩主の居館に当たる二の丸御殿があった。角馬出しと丸馬出しという馬出しも二カ所に設けられ、外からの備えは万全という堅牢な城郭だったのだ。

＊　＊　＊

一六二二年、宇都宮城で大事件が起こる。「宇都宮釣天井事件」である。これは城の天井に釣天井を仕掛け、ときの将軍徳川秀忠の暗殺を謀ったといわれる事件だが、その真相は闇の中である。というよりも史実ではないとされていることだ。そもそも謀反のために、そのような面倒なことはしない。普通に宿泊させ、兵で襲えばいいだけのことなのだから。しかし、このときに本多正純は失脚、家は改易となり正純本人は出羽国横手に配流となった。

実際、後日の城内調査で不審な点はなかったことを、秀忠本人までもが確認しているという。正純に謀反の意思はなく、私怨のあった他大名の陰謀であるなど諸説あるようで、特に福島正則の改易処分に正純が不満を持っていたことや、当時城郭を大幅に増改築したことなどが、秀忠の不信をかったのではないかとも考えられている。

正純のあとに入封したのは徳川家と縁のある奥平忠昌《おくだいらただまさ》。家康の長女亀姫が、忠昌の祖父の妻であるから、忠昌は家康の曾孫に当たる。この亀姫が本多家にとられてしまった宇都宮城をとり戻そうとして、秀忠に正純謀反の疑いを密告したなどという話もある。

そもそも正純は家康に忠義を誓った本多佐渡守正信《ほんださどのかみまさのぶ》の子にあたり、大坂冬の陣では家康に大坂城の内堀埋め立ての妙案を進言し、徳川家を勝利に導いたともいわれる知将である。その正純が自ら立候補して宇都宮に入封し、街づくりと城郭の改築に尽力した。建築の知識などには造詣も深かった正純が、城を堅固につくりすぎ、それが結果として誤解を与え、左遷されてしまったのかもしれない。

さて、奥平家の治める時分には大手門も築かれ、宇都宮城は関東には珍しい近世城郭として完成する。その後は城主が比較的頻繁に入れ変わったが、一七七四年に戸田氏が就いてからは百年、幕末に戊辰戦争で焼かれるまで、安定した統治が行なわれた。

現在は一部が公園となっているだけの宇都宮城。本多正純時代の名残は、旧三の丸跡に残る、樹齢四百年の大銀杏だけである。現在は復元が進められ、本丸土塁の一部と土塁上に建つ富士見櫓、清明台櫓それぞれに土塀が復元され、公開されている。今後は本丸御成御殿、本丸清水門、本丸伊賀門などの復元も予定されている。

川越城《かわごえじょう》

埼玉県川越市

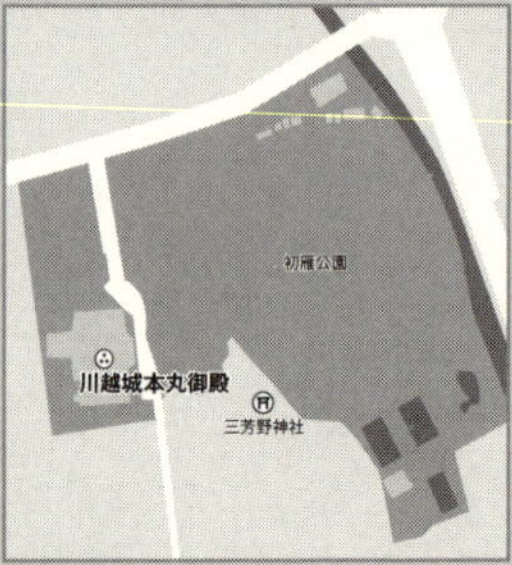

所在地

埼玉県川越市郭町2-13-1

城DATA

築城年	**1457年**
別名	**初雁城、霧隠城**
城郭構造	**平山城**
天守構造	**なし**
築城主	**太田道真、道灌父子**
主な改修者	**大道寺政繁、松平信綱**
主な城主	**扇谷上杉氏、後北条氏、酒井氏、堀田氏、越前松平氏、他**
廃城年	**1869年頃**
遺構	**堀・土塁・御殿の一部・移築物3棟**
指定文化財	**埼玉県有形文化財（本丸御殿）、埼玉県史跡**

MEMO

現在、城址の大部分は市街地となっているため、城全体、外観を見ることはできないが、本丸御殿の大広間と玄関が現存しているのは珍しい。

江戸の北方を守る関東屈指の名城

「世に小京都は数あれど、小江戸は川越ばかりなり」と謳《うた》われた川越は、江戸時代には常に老中格の親藩・譜代大名の入る、まさに江戸鎮護の城であった。北条時代には小田原城を中心とするネットワークの重要な支城として繁栄し、江戸時代に入ってからも、江戸とは川越街道や新河岸川の舟運で結ばれ、大いに栄えた。

近年、街並み整備も進み、観光にも力が注がれている。二〇〇九年にはNHKの朝の連続ドラマの舞台ともなり、東京から最も近い城下町として、人気スポットになりつつある。

川越城は扇谷上杉氏《おうぎがやつうえすぎけ》の家老、太田道真《おおたどうしん》、道灌《どうかん》父子により、当時対峙していた古河公方《こがくぼう》足利氏との境界を守る要害として築城された。当初の規模は、本丸と二の丸程度で、江戸期に完成した姿と比較した場合、三分の一程度の大きさだと推定される。道灌といえば江戸城築城で名高い人物だが、この川越城だけではなく岩槻城《いわつきじょう》も築き、縄張の名人として知られた武将である。

扇谷上杉氏の勢威が衰え、関東を北条家が席捲《せっけん》すると、川越城もまた北条家の支配下に入る。北条家は支城ネットワークを構築して関東を経営していたが、川越は武蔵を支配するための最も重要な支城として整備されたのである。しかし、一五九〇年の豊臣秀吉による小田原征伐では、前田利家の軍勢に攻められ、あっさりと落城している。

江戸時代に入ると、江戸の西北三十五キロという立地から、江戸防衛の要の城として位置づけられ、老中などの要職に就いた譜代大名を城主に置き、関東では水戸を別格とすれば、小田原城、佐倉城とともに江戸城の次に格の高い城として扱われていた。当然ながら、その整備には力が入り、道灌時代の城と比較すると、まったく別の城と思えるほどに城域も拡張されている。そして武蔵野台地の北東端、新河岸川の右岸に接し、入間川、赤間川、伊佐沼に周囲を守られた平山城は、まさに自然の要害であった。関東七名城にも数えられ、その規模といい、まさに江戸の鎮守城である。

なお、ここではすべて川越城と表記しているが、中世には河越城、近世以降は川越城と表記するのが一般的である。

城主は、酒井家→堀田家→大河内松平家→柳沢家→秋元家→越前松平家→松井松平家と頻繁に変わるが、共通して幕府に近い、格式ある親藩・譜代である。石高で最大は、越前松平家時代の十七万石である。

＊　＊　＊

縄張は河川と湖沼を利用し、本丸を中心として連郭式《れんかくしき》に曲輪《くるわ》を配置し、戦闘正面となる可能性のある虎口には、丸馬出しと三日月濠が設置されている。

小江戸と呼ばれるほどの城下町は、一六三九年に六万石で城主となった知恵伊豆こと松平《まつだいら》伊豆守信綱《いずのかみのぶつな》が、前年の大火事後に城下の再建整備を行なったあとのことである。このとき、城地を倍にし外曲輪や新曲輪を加え、城下町の整備までもが行なわれた。川越街道と新河岸川の舟運により江戸と直結し、関東各地からの物産の集散地、運搬ルートとしても隆盛を誇っている。

最終的には、本丸、二の丸、三の丸、田曲輪（帯曲輪）、外曲輪、新曲輪が整備され、外曲輪のさらに外に侍屋敷の曲輪があり、丸馬出しのある虎口が大手門となる。石垣はほとんど用いられていない。

天守はないが、天守がわりの富士見三重櫓が本丸の南隅に設置され、さらに虎櫓《とらやぐら》、菱櫓と、合計で三つの櫓が建てられている。

一国一城令、武家諸法度《ぶけしょはっと》発布以降、新規築城や城の増改築には厳しい制限が設けられていたが、大名の格に合わせた築城は認められていた。

これは江戸城の北辺警備という名目もあるが、信綱が幼少時より特に家光の寵愛を受けていたためである。こんなエピソードが伝わっている。

あるとき、家光が信綱に屋根にいる雀を取ってこいと命じ、信綱は足をすべらせ庭に落ちてしまう。そこにたまたま家光の父である秀忠が通りかかった。秀忠はこれをきつく叱り、さらに家光の命令であることはわかっていたが誰に頼まれたかを問いただす。信綱は柱に縛られても、袋に押し込められても、腹を切らせると脅かされても家光のことを口には出さなかったという。

秀忠は感心し、家光のよい補佐役になると、密かに喜んだといわれている。秀忠は家康の例にならい、自分が健在なうちにと家光が二十歳のときに将軍職を譲った。同年、二十九歳の信綱が若くして老中となり忍城三万石の大名となる。三十四歳で老中首座、三十五歳で川越六万石。トントン拍子の出世には、家光の男色的寵愛が噂されるが、事実関係は謎のままである。

現在は、川越を歴史の街として位置づけ、行政民間一体となって整備が進められ、川越の街全体が観光資源として有効に利用されつつある。街のイメージを象徴する蔵の街は、明治に入っての大火のあと、耐火づくりの商家が増えたからで、江戸の風情ではない。江戸情緒が最も残っているのは、春日局《かすがのつぼね》や家光、天海僧正《てんかいだいそう》に縁のある喜多院であろう。一六三八年、火災で伽藍《がらん》を焼失すると、家光の命で、江戸城御殿の一部が移築され、この客殿、書院、庫裏が現在も残っている。

喜多院には、家光誕生の間と春日局の化粧の間が江戸城より移築されている。

『武蔵風土記』では、ここに家康が使用した厠があるとされているが、現在は家光の使用した厠となっている。

名《な》胡《ぐる》桃《み》城《じょう》

群馬県みなかみ町

所在地

群馬県利根郡みなかみ町下津3437

城DATA

築城年	1492年
城郭構造	山城
天守構造	不明
築城主	名胡桃景冬
主な改修者	不明
主な城主	真田氏(鈴木重則)
廃城年	不明
遺構	なし
指定文化財	なし

MEMO

名胡桃城本丸跡には徳富蘇峰揮毫による『名胡桃城趾之碑』が建てられ、二の丸跡、二の丸堀跡、三の丸虎口には案内板が設置されている。

小田原攻めのきっかけとなった城

一五八二年に起こった本能寺の変のあと、信濃、甲斐、上野の地は大いに荒れた。関東管領として上野に入っていた滝川一益《たきがわかずまさ》は、北条氏直《ほうじょううじなお》の侵攻を受け、いったんは押し返したものの配下の関東の諸侍に積極性がなく、結局は関東を棄て領国伊勢へと逃げ帰ってしまう。一方、信濃川中島を領していた森長可《もりながよし》は上杉攻めを中止し、これも旧領の美濃へと引き上げてしまう。

織田勢力が一掃されたのち、この空白地帯には北条氏、上杉氏、徳川氏による領地の奪い合いが発生し、その中央に位置する小大名の真田家は周辺状況に翻弄《ほんろう》されつつも、なんとか生き残る術を探していた。

北条に臣従し、徳川に臣従し、さらに上杉へと主を変え、最終的には豊臣秀吉の家臣として真田家はおさまった。北条氏と豊臣氏の交渉の結果、上野にある真田氏の城のうち、沼田城を北条氏に譲り渡すことになったが、名胡桃城は残されることになる。

地政学的に見ても、この地に城があるというのは、北条氏にとってかなり脅威となる。越後と吾妻方面からの進出拠点となることを考えれば、この沼田を手にするかどうかは、北条家の領地の安全保障においてキーポイントである。北条は沼田城とともに、名胡桃城も望んだが、秀吉はそこまでの譲歩はしなかった。

天正一七（一五八九）年、豊臣秀吉の調停で沼田領は北条に引き渡されることとなったが、真田氏は「名胡桃城は祖先の墳墓の地である」と主張して、名胡桃城の譲渡を拒否した。そこで秀吉は津田盛月と富田一白を派遣し検分した結果、沼田城は北条氏領、利根川を境として、名胡桃城は真田領として安堵した。

信濃から上野への橋頭堡《きょうとうほ》として、喉に刺さった小骨のようなこの城を残すことで、おそらく秀吉は北条の暴発を誘ったのであろう。そこまでの意図がなかったとしても、関東を完全に領有させせないことで、北条家に少なからぬプレッシャーを与えようという程度の読みはあったに違いない。北条家はこの罠に落ちる。名胡桃は関東の北条領に突出した城である。言い換えれば、北条にとってこの城を落とすことは、いとも容易《たやす》いことでもあった。敵が兵を大量に送り込む前であればの話ではあるが……。実際、北条が攻め立てると、名胡桃城は短時日で落ちてしまった。

天下をほとんど平らげていた秀吉が、これを見逃すはずもない。すかさず二十万を超える軍勢を率い、この名胡桃城侵略を口実に北条の本城である小田原を攻め、これを包囲し降してしまう。北条としては、甲斐、信濃、駿河、遠江、三河を領する徳川が味方すれば負けないと読んでいたのだろうが、その肝心の徳川が秀吉側の先鋒を務めているのだからどうにもならない。結果は読者のご存じのところである。

＊　＊　＊

名胡桃城は、沼田氏の一族、名胡桃景冬が築城した城である。その後、沼田氏の内紛に乗じて北条一門から沼田氏に養子をいれ、この地への足がかりをつくる。しかし、直後に上杉謙信が関東に兵を出し、上野は北条と上杉とで利根川を境に分け合う形で安定する。謙信が死に上杉内部が分裂すると、北条家は当主氏政の弟である上杉景虎を支援し、上杉家の当主にしようと画策する。当初は武田家もこれに賛同し、このまま収まるかに見えたのだが、武田勝頼《かつより》は急遽上杉景勝を推すことになり、同時に武田は北条との同盟を破って上野へ進出を果たす。北条・上杉の同盟が強固になれば、武田がその下風に置かれるのは間違いのないことであり、地勢的にも、織田からの強い風圧を受けながら、背後にさらに圧力をかけてくる勢力が発生するのはたまらない。勝頼が、直江兼続が用意した金に目がくらんだと批判する向きもある。しかし、金は力であり、交渉の条件としてその価値を正しく評価するのは、決していやらしい行為でも、恥ずかしい行為でもない。

このとき、武田の猛勢に北条氏政は滅亡を覚悟したと伝わっている。「当方終ニハ可滅亡候哉」と。ここで沼田が武田に奪われるのだが、武田勢として沼田を奪ったのが真田昌《さなだまさ》幸《ゆき》であり、その拠点となったのが、名胡桃城であった。

沼田氏が築城したとされる名胡桃城であるが、歴史にその存在を記し始めるのは、実はこのときからである。おそらく、廃城同然であった名胡桃城を昌幸が整備したのだろう。

武田家で信玄のそば近く仕えた昌幸がつくる以上、それは当然ながら武田流の城になる。尾根状になった河岸段丘の縁を利用しており、谷が南に切り込んでいる舌状台地を利用し、堀切によっていくつかの曲輪を設置、段階的に防御・戦闘ができる構造にしている。山城の典型の一つである。

当然ながら、連郭式の縄張となり、戦闘正面は尾根方向の一面となる。守城側は、こちらに防御能力を集中させるのだが、名胡桃城では西方が予定戦闘正面となっている。西の戦闘正面より、三の曲輪、二の曲輪、本曲輪、笹曲輪、物見櫓と続き、北方二の曲輪に並行するように般若曲輪があるという形である。三の曲輪の前面には、武田流の丸馬出しが設置されていた。般若《はんにゃ》曲輪は、戦時には放棄される可能性もあるが、むしろ強襲部隊を配置し、同時に側面からの火力支援を行なわせたのではないだろうか。ただし、般若曲輪はいつまでも保持できる位置と構造にはないので、ある時点で撤収させることが想定されていたものと思われる。

発掘調査の結果からは、建物は掘っ立て小屋レベルの粗末なもので、恒久的に使用するための城ではなく、戦時においてのみ使用する、砦的存在であったようだ。

　現在は、空堀と土塁が残されていて、往時を偲《しの》ぶことができる。また、虎口・通路・門礎石址・掘立柱建物址などの重要な遺構が多数確認されている。廃城となった後、ほとんど改変を受けていないため、築城当時の遺構が比較的良好に残されている。本曲輪からは沼田市が一望でき、沼田城も肉眼で確認できるほどの距離である。

忍城《おしじょう》

埼玉県行田市

所在地

埼玉県行田市本丸17-23

城DATA

築城年	**1490年**
別名	**忍の浮城、亀城**
城郭構造	**平城**
天守構造	**層塔型3重3階(1988年復元)**
築城主	**成田氏**
主な城主	**成田氏、松平氏ほか**
廃城年	**1871年**
遺構	**土塁、堀、移築門**
指定文化財	**なし**
再建造物	**櫓・模擬門**

MEMO

往時の城を伝えるものとして、本丸土塁が残っているほか、北谷門が加須市総願寺に、高麗門形式の城門が郷土博物館の駐車場脇に、それぞれ移築されている。

秀吉発案の水攻めに耐えた浮かぶ城

豊臣秀吉の小田原征伐で、秀吉の懐刀、石田三成が水攻めをして失敗したことで知られている城である。最近では、『のぼうの城』（和田竜著）という小説の舞台としても有名になった。

近年の研究では、この水攻めは三成の発案ではなく、むしろ秀吉に命じられて行なわれたもののようで、残された書状からは三成は強襲を望んでいたことがわかっている。関ヶ原で敗北した三成には、いろいろと悪しざまにいわれる話が多いが、それらのほとんどが事実無根である。忍城の水攻めの責任を三成一人に押しつけるのも、その文脈で理解しないと間違った歴史認識を持ってしまうことになる。忍城は関東七名城に選ばれているだけに、その防御力はそのあたりの小城とは比較にならないレベルである。三成が落とせなかったとしても、これはさほど恥となるものではない。

なお関東七名城とは、群馬県の金山城《かなやまじょう》、栃木県の唐沢山城《からさわやまじょう》、茨城県の太田城、群馬県の前橋城、栃木県の宇都宮城、埼玉県の川越城と、この忍城である。金山城、唐沢山城、太田城は山城であったために江戸期には廃城となっているが、残る四城は江戸城を中心とする徳川の関東支配権の衛星的支城として、明治までその機能を保っていた。

行田はもともと城下町の名前である。江戸期には足袋《たび》の生産で賑わい、その製造量は日本一を誇っていた。地下水が抱負でかつ河川も多く、早くから開けていた地域で、巨大な古墳群からは律令時代以前にすでにかなり豊かな土地であったことが推測される。そのため武士団の登場も早く、源頼朝が挙兵したときの中核となる武士団を輩出している。

忍城は、山内上杉氏配下の豪族、藤原の流れをくむ成田親泰《なりたちかやす》、またはその祖父の正等《しょうとう》が築城したとされている。成田氏は太田道灌の縁戚にあたる児玉大丞《だいしょう》の館を襲い、これを滅ぼし、一四九〇年から築城をはじめ、翌年に完成。城地は利根川、荒川に近く、この付近特有の沼地・湿地帯を埋め立てすることなく利用し、そこに浮かぶ島を曲輪とするという通常とは異なった築城方法がとられている。沼地に浮かんでいるようなそのシルエットから、「忍の浮城」との異名を持つ。

一五五九年、連歌師の柴屋軒宗長《さいおくけんそうちょう》がこの地に立ち寄ったとき、「水郷也。館のめぐり四方沼水幾重のなく葦の霜がれ、二十余町四方へかけて。見鳥おほく見えわたりたるさまなるべし」と読んでいるが、幾重にも濠によって囲まれていることがよく読み込まれている。

＊　＊　＊

この忍城を拠点とし、成田氏は着々とその勢力を拡大していった。一五五三年には北条氏康がこれを攻めたが、成田長泰はこれを撃退している。上杉謙信が関東に出陣すると、長泰は抵抗の姿勢を見せるが、謙信が城下に放火すると、領民のことを思い、これに帰順する。謙信は義を売り物にしている武将の割には、関東での行動は乱暴である。敵の城を落とすと、そこに籠城していた女・子どもを奴隷として一人残らず売ってしまったり、村や町に放火するなど、関東の農民、町人にとっては恐怖の対象であった。

謙信が小田原を攻め、関東管領就任式を鶴岡八幡宮で執り行なったとき、長泰は馬上から謙信に挨拶した。謙信はその無礼を咎め、鞭で長泰の顔を叩いたという。実は成田氏は、源氏の頭領である頼朝より馬上からの挨拶を特に許された家柄であり、むしろ意図してこの吉例で謙信を頼朝になぞらえていたのだが、謙信のこの古礼を知らない無礼に怒り、成田氏はこれ以降謙信と敵対することになる。謙信が関東に領地を扶植できなかった理由の一つに、この成田氏の離反が上げられている。再び北条氏に帰順した長泰は、一五七四年に謙信より攻められた際も忍城に籠もり、これを撃退して名を挙げている。

前述の通り、秀吉の小田原攻めのときには三成により水攻めとされるも、わずかな兵と農民、三千でよく持ち堪え、忍城の名を天下に知らしめた。

秀吉発案のこの水攻めであるが、実は城兵から降伏の申し入れがあったにも関わらず、これを受けずに強行した節がある。秀吉としてみれば、豊臣家の財力と力を関東・東北の諸豪族に誇示せんがための水攻めであって、大土木工事を短期間で行ない、城を湖に孤立させるという絵面があればそれでよかったのであろう。しかし、突貫工事で短期間に堤を築いたため、その強度は著しく弱いもので、土質のもろさもあり、後にこの堤は崩れてしまうことになる。

三成は円墳としてはわが国最大の丸墓山《まるはかやま》を基点に城を囲むようにして土堤を築き、大正時代の実測ではその長さは七里、二十八キロメートルにも及んだという。地形的に、そもそも湿地帯の島のような城である忍城は、水攻めをされたとしてもさほど状況に変化はなく、あまり意味のあるものではない。三成はそれらを勘案し、秀吉に反対の意を唱えていたというのがどうやら実情らしい。

なお、豊臣軍の水攻めは備中高松城が有名であるが、紀州の太田城に対する水攻めの例もある。このときの堤の基底部の幅は十八間、高さ二間から三間で、長さは五・七キロメートルあったとされている。忍城では基底部の幅六間、高さが一〜二間、長さが二十八キロメートル。水没面積は、太田攻めの数倍である。

単純に比較しても、明らかな強度不足である。なにしろ太田城攻めですら、それだけの幅の堤が決壊しているのである。おそらくは、秀吉が強権的命令で作業を急がせた結果、三成としてはタイムテーブルを優先させてこのような工事となったのだろう。三成の水攻めの際、籠城兵が堤に細工をしたといわれているが、さすがにそれは無理であり、必要もなかったと考えられる。小田原の開城とともに、忍城も開城することになるが、三成のミスにしろ秀吉のミスにしろ、忍城の名のみが高まる結果となった。

家康が関東に入ったあとは、松平、酒井、阿部といった譜代・親藩の大名を入れ置き、明治維新を迎えることとなる。現在は、実質的には天守としての機能の御三階櫓が復元され、行田市郷土博物館の展示スペースなどとして用いられている。

忍城の外堀跡を利用した水城公園も近くにあり、往時を偲ぶことができる。

江《え》戸《ど》城《じょう》

東京都千代田区

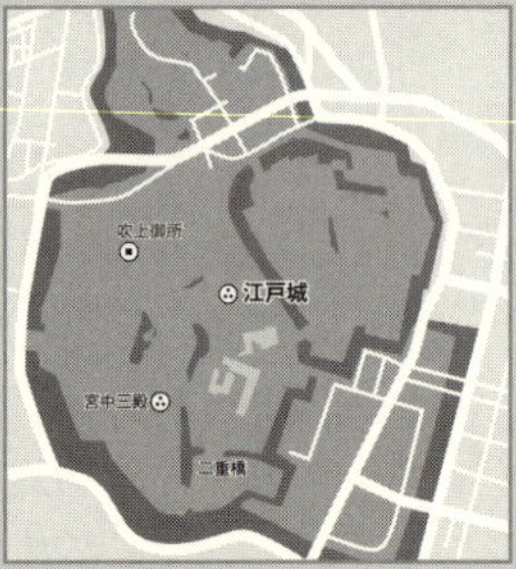

所在地

東京都千代田区千代田1-1

城DATA

築城年	**1457年**
別名	**千代田城**
城郭構造	**輪郭式平城または平山城**
天守構造	**独立式層塔型5重5階地下1階（1635年再）**
築城主	**太田道灌**
主な改修者	**徳川家康、秀忠、家光（江戸期）**
主な城主	**太田氏、後北条氏、徳川将軍家、皇室**
遺構	**現存櫓・門、石垣・土塁・堀**
指定文化財	**国の重要文化財（桜田門、田安門、清水門）、特別史跡**
再建造物	**富士見櫓、伏見櫓など**

MEMO

外堀跡が「江戸城外堀跡」として国の史跡に指定のほか、桜田門、田安門、清水門（以上は、国の重要文化財）が遺構として現存している。

徳川幕府が威信をかけて築城した将軍の城

江戸は、江戸時代になるまでは要衝ではなかった。十二世紀の終わりに幕府が開かれた鎌倉や、西国に程近い要害の地であった小田原のほうがよほど重要で、関東支配の拠点としてはよいように思えてならない。

江戸の地の利に最初に気づいたのは、太田道灌である。彼は江戸が入り江に半島状に突き出した台地の屈強の要害であると気づき、一四五七年に城を築城している。平安時代の末には、江戸重継《えどしげつぐ》が居住していた館がこの地にあったが、室町時代に勢力を失ってからはこの館は無人となり、長く使われていなかった。

この館のあった場所に築かれた城こそが、後の江戸城である。江戸城の基礎は太田道灌がつくったというのは有名な話であるが、その後も道灌は治水工事や神社の建立などを行ない、江戸の町の整備にも尽力している。単に城を建てただけではないというのが素晴らしい。しかし、この道灌による支配は三十年と続かなかった。讒言《ざんげん》に惑わされた自らの主君に殺されてしまう。享年五十五歳――。

人の手が入らないと、人工物というのはすぐに朽ち果て、自然に戻っていってしまうものだ。道灌のあと、明確な城主を持たなかった江戸城は荒廃してしまった。もともとこの城は、土塁をめぐらしただけという簡素なつくりであり、建物も舟板の古材を使ったり、板敷きの部屋がなく、すべて土間であったりと、お世辞にも立派なものではなかった。そのうえ、雨漏りまでしているありさまであった。

また当時の江戸は現在と比べると、かなり海岸線が奥にまで入り込んでいて、日比谷の辺りまでが海だった。非常に入り組み奥まった入江がそこにはあり、この入江に臨んだ地であったため「江の戸」、すなわち江戸と呼ばれるようになったというのが地名の由来だ。

このような場所柄のため、江戸城の周辺もあちらこちらに沼やため池があり、葦原が広く続く湿地帯であった。想像以上に住みにくい土地だったのだ。

小田原に城を構え、関東一円を支配した後北条氏は、この江戸城には見向きもしなかったという。後北条氏を滅亡させ、天下統一を果たした豊臣秀吉も、脅威である徳川家康を、自らの拠点とする大坂から離してしまおうと考え、家康に関東の地を与える。これが関東転封である。しかしこのことが、後の家康の磐石の統治を許す契機となった。

関東入りした家康は、まず市街地の整備に着手する。江戸川の水を引き、飲み水を確保、堀をつくり江戸湾から城内への水路をつくり、神田山を切り崩して湿地帯を埋め立てた。川をうまく利用しつくられた水の都はその後も拡張されていき、当時世界一の規模を誇るまでに成長し、十八世紀には百万人を超す大都市となる。

市街地がある程度整備されたところで、家康は本格的に江戸城の改築に着手する。多くの大名、特に築城に長けた加藤清正や福島正則などの外様大名たちを呼び寄せ、普請にあたらせた。

*　　*　　*

江戸城の改築が始まったのは一六〇六年、家康の治世である。しかし完成したのは家光のころで、およそ三十年の年月を要したと伝えられている。まず本丸御殿がつくられ、天守を含めた主要部分が完成した。一六一一年には西の丸、続けて外郭が建造され、赤坂から四谷、一ヶ谷、小石川、そして神田川から隅田川に抜ける「の」の字の堀が、ぐるりと江戸の町を囲った。堀そのものだけでなく、内堀通りと外堀通りという具合に名残は現在にも残っている。

さらに万治3年（1660年）より神田川御茶ノ水の拡幅工事が行なわれ、一連の天下普請は終了となった。

本丸・二の丸・三の丸に加え、西の丸・西の丸下・吹上・北ノ丸の周囲十六キロメートルにおよぶ区画を本城とし、現在の千代田区と港区・新宿区の境に一部が残る外堀と、駿河台を掘削して造った神田川とを総構えとする大城郭に発展した。その地積は本丸は十万五千余町歩、西の丸は八万一千町歩、吹上御苑は十万三千余町歩、内濠の周囲は四十町、外濠の周囲は七十三町となり、城上に二十基の櫓、五重の天守を設けた。

天守は白い壁で覆われ、高さも当時の全国の城の中で最高であった。これは信長の時代から、天守は統治の象徴という意味合いがあったため、政権交代を視覚的に表すよう、秀吉の漆黒の大坂城に対して白亜、規模も大坂城の天守をはるかに凌ぐ高さとなった。この天守は三度建てられたのだが、三度目は火災にあって、その後は建て直されず、今はその姿を見ることはできない。

天守だけでなく、江戸城では幾度も火災が起こり、二の丸、三の丸も消失したことがある。しかしこれらは建て直され、現在その一部は東御苑として一般公開されている。

＊　＊　＊

江戸の比較的平穏な時代を経て、江戸城が次に注目を集めるのは幕末期である。長州薩摩を中心とした討幕派が勢力を増し、江戸城に攻め込むかもしれないという緊迫した中での勝海舟と西郷隆盛の会談。そしてときの将軍慶喜の恭順により、江戸城は明け渡されることとなる。世にいう江戸無血開城である。その後、明治天皇が行幸し、それ以来東京城としてなし崩し的に皇居になっている。本来は行幸であり、いつかは京にお戻りになるという形式だ。この無血開城も含み、実は江戸城は一度も戦禍を被ったことがない。この事実は、徳川家の治世の安定を指し示すとともに、江戸城の優れた防衛力を物語っているのではないだろうか。

もともとは他の城と大きくは変わらない、ありふれた城の一つであった江戸城。たび重なる改築や他に類を見ない優れた都市計画などにより、歴史上最大かつ最強の城として長きにわたり全国を統治したその城は、今は天皇家を抱え、東京の中心に悠然と佇んでいる。

小田原城《おだわらじょう》

神奈川県小田原市

所在地

神奈川県小田原市城内6-1

城DATA

築城年	**鎌倉時代初頭**
別名	**小峯城、小早川城**
城郭構造	**平山城**
天守構造	**複合式層塔型3重4階**
築城主	**小早川遠平**
主な改修者	**上杉氏、北条早雲、大久保忠世、稲葉正勝**
主な城主	**後北条氏、阿部氏、稲葉氏、大久保氏**
廃城年	**1871年**
遺構	**石垣、土塁、堀**
指定文化財	**国の史跡**
再建造物	**天守、門**

MEMO

小田原市は城の中心部を江戸末期の姿に復元する計画で、天守のほか、常盤木門、銅門、馬出門を復元した。

北条五代の栄光が詰まった天下無双の巨城

ＪＲ小田原駅のホームの外れから南西方向を眺めると、小高い丘の上に白い壁の城が見える。それが小田原城だ。築城のあとも拡大を続け、近世には国内最大級の城として発展を遂げた巨大な総構えの城である。

鎌倉時代も終焉を迎えた十五世紀初頭、相模国の内陸部を東西に突っ切る東海道が、箱根山の噴火によってたびたび通行不能となることを理由として、人々は海岸線に伸びる道を東海道として使うようになった。その利用の増加に合わせて、小田原はその交通の要衝としての性格を強めていく。小田原関が設置され、小田原宿という宿場町が大いに賑わいを見せた。

この地に築城されたのが小田原城だ。築城の正確な年数は不明だが、鎌倉時代初頭に鎌倉幕府の重臣であった豪族土肥氏一族の小早川遠平《こばやかわとおひら》が築いた居城が元と考えられている。

一四一六年、上杉禅秀《うえすぎぜんしゅう》の乱により土肥氏が失脚したことで勢力を急激に落とした小早川氏は、逆に功績を挙げた駿河国の大森氏によって小田原城を奪われてしまう。大森氏はこれをきっかけに相模西部に勢力を強めていくが、このとき伊豆を支配していた北条早雲《そううん》が相模国を密かに狙っていた。相模国平定の足掛かりとして、この要地にある小田原城に目をつけたのである。

早雲は一四九五年、とうとう小田原城に攻め入る。『北条記』によると、当時の小田原城主であった大森藤頼《おおもりふじより》と親しくなった早雲は、箱根山での鹿狩りをしたいので勢子（狩の際に動物を追いやる役目の人）を領内に入れたいと願い出る。藤頼は快く了解したが、箱根山には勢子に仕立てられた屈強の兵が入山した。

その晩に早雲は、千頭もの牛の角にたいまつをつけ、小田原城に攻め入らせた。箱根山に隠れていた兵たちがそれを後方からサポート。小田原城内は大混乱となり、藤頼は慌てて逃げ出したという。そして早雲はたやすく小田原城を乗っとってしまったとのことだ。

こうして小田原城を手に入れた早雲は南関東の支配を堅固なものとし、その勢力を強めていく。それに合わせて城の整備や拡大も進められていった。

最初は現在の復元された天守の裏手にあたる丘陵地の八幡山周辺だけであったが、二代目の氏綱のころには、現在の城址公園の辺りにまで領域が拡大している。さらに三代目の氏康は、上杉謙信と武田信玄によって二度も城を攻め込まれたという経験から、さらにその領域を広げ、丘陵を下りた辺りまでを土塁で囲んでしまっている。ここが三の丸にあたる。そして最終的には、東西におよそ五・五キロメートル、南北には七・六キロメートル、一周二十キロメートルにも及ぶ土塁で囲われた城塞が完成したのである。この内には城下町も含まれ、天守と城下町を備えた完璧な総構の城郭としては当時日本一のものだった。

＊　＊　＊

北条氏が関東で覇権を握るころ、西国では豊臣秀吉が天下統一を掲げ、その勢力を確実に拡大していた。そしてそれは関東にも及ぶようになる。

秀吉は一五八九年、上洛の要請を何度も無視し続けた北条氏直に宣戦布告をする。二十一万もの兵を動員し、この巨大な城を囲んだ。

北条氏側の軍勢はおよそ五万六千。数では圧倒的に不利だが、広い城内では食料も豊富で、酒宴を開いたりすごろくや碁で時間を潰したりするなど、至極余裕の籠城であった。

このためこのにらみ合いは長く続くと予想された。秀吉は側室の淀の方を、武将たちにも妻子や妾を招かせ、京からは芸人や舞の名手を呼んで、こちらも悠々たる時間を過ごしていた。しかし秀吉はその間も周辺の北条方の支城を攻めては次々に降伏させていた。スパイを送り込み、内部をかく乱させる策もとった。極めつけは石垣山城である。小田原をはるかにのぞむ早川の地に一晩で城を築き、北条方を大いに驚かせたという。このため「石垣山一夜城」とも呼ばれるが、実際は築城に二カ月半の時間をかけている。しかしこの工事はなかなかに本格的で、今でも石垣山山頂には天守台や櫓跡なども残っている。おそらく、城がほぼ完成する直前まで木々を切らず、石垣や天守がほぼ完成したその日の夜に、木々を切り倒し、北条方に短期で築いたかのような印象を与えたのであろう。

このような奇策も含め、しかし草の根的な活動を続けるうちに北条方は弱っていき、籠城から四カ月後、ついに北条氏は投降、小田原城は陥落する。

これとほぼときを同じくして、秀吉は奥羽も平定、ついに天下統一を果たすこととなる。明け渡された小田原城は、秀吉から徳川家康に与えられた。家康は家臣の大久保氏に城主を任せ、途中稲葉氏に城主が移ることもあったが、幕末まで大久保氏による統治が続く。知行高は八万五千石。中世の規模からはだいぶ減らされてしまっている。城郭もかなり縮小されてしまった。小田原城は江戸城の下、一大名の居城という位置づけとなったのである。そして一九七〇年にはその役目を終え、ほとんどの建物が解体されている。わずかに残った石垣も、関東大震災で崩れ去ってしまった。

現在、城址にそびえる天守は後に復元されたものである。内部は資料館となり、北条氏や小田原の歴史を学ぶことができる。

ときの統治者である北条氏や、ここを攻め入った謙信や信玄、また秀吉の対陣、そんな彼らを翻弄し続けた関東一の巨城に思いを馳せながら、小田原城と小田原の町を眺めてみるのも一興だろう。

Part3. 中部・東海の城

春日山城《かすがやまじょう》

新潟県上越市

所在地

新潟県上越市中屋敷字春日山

城DATA

築城年	**1510年**
別名	**蜂ヶ峰城**
城郭構造	**連郭式山城**
天守構造	**建造されず**
築城主	**長尾為景**
主な改修者	**上杉謙信**
主な城主	**長尾氏、上杉氏、堀氏**
廃城年	**1607年**
遺構	**土塁、空堀**
指定文化財	**国の史跡**
再建造物	**毘沙門堂**

MEMO

本来の春日山城は、主城周辺に広範囲に配置された砦や土塁、堀などの遺構を含めて一体的に把握され、また支城や砦も広義の春日山城を構成していると考えられている。

内乱で初めて活躍した防火の備え

新潟県の人にとって、上杉謙信は特別な存在である。今も県民は謙信公と敬称を忘れずにつけて呼び、呼び捨てにしようものなら、にらみつけられることもしばしばである。それほどに、新潟の人々にとって謙信は偉大であり、誇りなのである。

春日山城とはその名の通り、新潟県上越市の春日山に築かれた城である。春日山は海抜約百八十メートルの山で、山頂部からは直江津市街と日本海を眺望できる。

春日山城は上杉謙信の居城として知られるが、一五一〇年に春日山に初めて館を構えたのは謙信の父、長尾為景《ながおためかげ》である。その館を受け継ぎ、後に城へと拡張したのが謙信である。

春日山城の普請が始まったのは一五六〇年で、翌年に謙信は山内上杉家の家督と関東管領職を相続し、名を長尾景虎から上杉政虎へと改めている。「謙信」という名を名乗るのは一五七〇年になってからである。謙信も春日山城の普請に力を入れていたようで、関東管領職就任のため鎌倉へ出立する際、「在陣留守中掟之事」という決まり事を定め、「春日山要害普請等、不可有油断事」と留守を務める将に命じたという。ただし謙信が各地で転戦を繰り返していたためか、築造は断続的に行なわれ、ようやく完成といえるようになったのは一五七三年ごろであった。

春日山の山頂部には平地化された二十メートル四方の箇所が存在し、本丸と呼ばれる。天守はつくられなかったといわれているが、上越市や上越高等学校の調査によって直径三十センチメートルの掘立柱の跡が整然と埋もれていたことが判明している。この柱跡は二十カ所も発見されており、かなり広大な館を支えていたと推測される。館の形状についての記録は残されていないが、周囲からは瓦が採取されていないため、屋根は葺きなどの木材でつくられていたと思われる。また、同じく上越市の計測によって春日山城は南北八百メートル、東西七百メートルの山城域を中心として城域は四キロメートル四方にも及んだことが明らかになっている。

本丸から北側には護摩堂《ごまどう》、毘沙門堂《びしゃもんどう》、不識庵《ふしきあん》といった曲輪が続いている。曲輪とは本丸や二の丸などを含む城域内の区画のことで、主に城の防御や兵の駐屯を担う重要地帯を指す。ただし庭園や寺社を設けた曲輪を持つ城もあり、必ずしも実用的な曲輪だけとは限らない。護摩堂や毘沙門堂もその名称から、謙信の信仰の場であったと思われる。また、不識庵は謙信の出家号「不識庵謙信」と同名である。

春日山の城下町、府内は大きく二つに分けられる。館を中心として発達した上杉家家臣の屋敷群と、寺社や町人の家が北国街道沿いに形成された宿である。この府内では一五六二年に藁《わら》や萱《かや》などの草葺屋根が禁止され、屋敷や家は板葺屋根へと変えられた。これには少しでも火災の被害を減らす狙いがあった。当時の春日山城は近隣の対立勢力や武田勢がいつ来襲してきてもおかしくない情勢だったため、特に警戒を強めていたものと思われる。

この時期、関東に出陣していた謙信は城に残る家臣に対し細かな指示を残している。中でも防火に対してはかなり慎重になっていたようで、城下の者たちに対しても「春日山城を枕に討死する覚悟で立て籠もれ」「籠城に必要なものはすべて城中に用意せよ」といった籠城の覚悟のほか、「火に弱いものに注意すべし」とも強く命じたという。武田勢の攻撃や上田長尾氏の裏切りを常に危惧していた謙信は、籠城に際しては火を防ぐことこそ第一と考えたのであろう。

だが結果的には、武田勢が春日山城に攻め込んでくることはなかった。そこで関東から帰還した謙信はまず裏切り者の長尾政虎を滅ぼし、後顧の憂いを排除してから五度目の川中島の戦いに臨む。だが信玄はこの誘いに応じなかったため、大規模な戦闘が行なわれることはなかった。

川中島の戦いへ赴くにあたり、謙信は大門と大手門の普請を留守を務める家臣に命じている。この大門とは御屋敷の黒金門か千貫門を指し、大手門は南側の門を指すと推測されているが詳細は明らかではない。なんにせよ謙信が武田勢の攻撃を警戒し、各地を転戦しながらも少しずつ城を拡張していたのは間違いないようだ。

謙信が警戒した信玄からの襲来には遭わなかった春日山城だが、謙信の死後、御館の乱の舞台として戦に利用された。謙信は生涯妻を持たなかったため、一五七八年に謙信が急死すると養子の景虎と景勝による跡目争いが発生したのである。

先に動いたのは景勝であった。景勝は謙信の死の二日後に本丸を占拠して金蔵を手中に収めた。金蔵には三万両もの軍資金が蓄えられていたという。対する景虎は二の丸に立て籠もり、景勝とにらみ合いに入る。重臣たちは家督相続問題を解決すべく会議を行なうものの結論は出なかった。

戦局は当初、景虎に有利であったとされているが、謙信が築いた春日山城は堅牢であった。景虎が撹乱のために火を放つも、春日山城を崩すことはできなかったとされている。謙信が武田勢を警戒して配した防火の備えは、皮肉にも上杉家の内乱で初めて活躍の場を得たのである。

その後、莫大な軍資金を得ていた景勝は資金提供を餌に武田家との同盟を締結し、背後の憂いを絶つ。この同盟締結をきっかけに戦局は逆転し、翌年、御館の乱は景勝の勝利で終わっている。

景勝は一五九八年まで春日山城を居城としていたが、豊臣秀吉の命によって会津へと居を移したことから代わりに堀秀治《ほりひではる》が入城した。だが、ほどなく直江津の福島に福島城が築かれたため、堀秀治の福島城入城とともに廃城となった。

金沢城《かなざわじょう》

石川県金沢市

所在地

石川県金沢市丸の内1-1

城DATA

築城年	**1580年**
別名	**尾山城、尾上城、金城**
城郭構造	**梯郭式平山城**
天守構造	**御三階櫓(望楼型3重 1603年築)非現存**
築城主	**佐久間盛政**
主な改修者	**前田利家・利長**
主な城主	**佐久間氏、前田氏**
廃城年	**1871年**
遺構	**長屋・門、石垣、土塁、堀など**
指定文化財	**国の重要文化財(石川門、三十間長屋、鶴丸倉庫)、史跡**
再建造物	**菱櫓・橋詰門など**

MEMO

数多い遺構類は城址のほか、二の丸御殿唐門は尾山神社に、二の丸能舞台は金沢市内中村町の中村神社拝殿に移築現存されている。

几帳面《きちょうめん》な利家の性格を反映した、加賀職人の匠の技が随所に

金沢城の前身は加賀一向宗《いっこうしゅう》の拠点、金沢御坊《ごぼう》である。金沢御坊は「百姓《ひゃくしょう》の持ちたる国」といわれた加賀の本拠地とも呼ぶべき場所であったため、一五八〇年、織田信長の命を受けた柴田勝家《しばたかついえ》によって落とされている。金沢御坊は一向一揆の本拠でもあったことから、仏像や堂塔など宗教的な施設はすべて打ち壊され、城郭へと改築された。金沢御坊は御山という別名でも呼ばれたことから尾山と書き改められ、尾山城と名付けられた。だが、この時点での尾山城はもともとあった施設に土塁や堀などを造成したのみで、いまだ金沢御坊の痕跡が多く残されていたと思われる。

その尾山城を大きく変容させ、金沢城を完成させたのが一五八三年に入城した前田利家である。加賀百万石の藩祖でもある利家は本丸の位置を変えたり周囲に堀を設けたりといった大改造を実行し、尾山城を近世的な金沢城へと改築したのである。他国から移り住んだ利家にしてみれば、金沢御坊の跡地をそのまま使用するのは不安だったのであろう。当時の加賀では一向宗がいまだゲリラ活動を続けていて、いつ踏み込まれてもおかしくない状況だったのだ。

高山右近の縄張によって城郭の構築を行ない、百間掘やその上の高石垣の整備などが進められ、城の中心は本丸で、壮大な天守閣や御殿があったという。

本丸や二の丸、三の丸などが完成した一五九二年ごろ、利家は朝鮮役で出兵することとなるが、留守を務める息子の利長に土塁を石垣へと改変させている。石垣工事の終了後には三キロメートルに及ぶ内堀と約四・五キロメートルの外堀も掘られ、秀吉没後の一五九九年ごろは難攻不落の金沢城がほぼ完成していたようだ。

ちなみに金沢という地名は、この地が砂金の産地であったことからきているという。金沢城が建つ小立野台地ではかつて砂金が得られたため、砂金採掘者たちが集まって金沢御坊を中心とした町が形成されたのだ。一説によれば利家自身は居城を尾山城と呼んでいたというが、金箔瓦を備えた華麗な城郭により金沢城と呼称されることが多くなり、やがて正式に金沢城と改名したとも伝えられる。

だが、壮麗であったと伝えられる本丸天守は利家の息子利長《としなが》の代、一六〇二年に落雷で消失している。代わりに天守台には三階櫓と称する櫓が置かれたが、この三階櫓も一七五九年の宝暦《ほうれき》の大火で消失してしまう。三階櫓の消失後は代わりの建造物が建てられることはなく、二の丸の菱櫓が天守の代用を果たしたと推測されている。

金沢城は他にもたびたび火災に見舞われている。一六二〇年には本丸に火が及び、一六三一年には城下町での放火が城内にまで飛び火した。この放火事件によって水の手配に乏しい金沢城内の防火が問題となり、十キロメートルにも渡って城内に水を呼び込む水路が設けられている。しかしその後も火災は発生し、二の丸も前述の一七五九年の大火に続いて一八〇八年、一八八一年と三度に渡って焼失の憂き目に遭っている。そのため現存するのは一七八八年に完成した三の丸石川門と一八六〇年に造営された三十間長屋のみである。

しかし近年では金沢城の整備復元計画が進められ、二〇〇一年には五十間長屋や菱櫓、橋爪門続櫓が完成し、金沢城の新たなシンボルとなっている。五十間長屋は武器庫であったといわれ、三層三階の菱櫓と橋爪門続櫓とを繋ぐ形で横たわっている。二階建ての五十間長屋には鉄砲狭間や石落としの役割を果たす格子窓が備えられ、海鼠壁《なまこかべ》の土塀や鉛瓦を用いた屋根で美しい白に統一されている。鉛瓦には少量の銅を添加した鉛が使用されており、錆びることで白く変色するという特徴がある。なぜ鉛瓦が用いられたのかというと、鉛瓦は厳寒地の耐寒性に優れていたからである。

三十間長屋や五十間長屋、石川門の外壁は海鼠壁に仕上げられている。海鼠壁は雨風に強いことで知られているため、おそらくは北国である金沢の気候を配慮して整えられたと思われる。また、三十間長屋の海鼠壁は現存する城郭に用いられた中で最古のものといわれている。石垣の石には藩内の戸室山より採掘される戸室石が用いられ、藩の許可なくしては戸室石を他の用途に使うことは禁じられたという。

この戸室石には2種類あり、赤味を帯びた石が「赤戸室」、青味を帯びたものが「青戸室」と呼ばれ、青戸室の方が赤戸室より石質が緻密で堅く、少し重い。金沢城ではこの戸室石を切り込みハギ積み、打ち込みハギ積み、野面積みなど、時代や用途によって変えて積み上げている石垣が見ることができる。

金沢城は加賀百万石の本拠にふさわしく随所に高度な技術が投入されており、加賀職人の技術と独創性を今に残す建造物としても高い価値を持っている。二の丸にあった利家夫人である芳春院《ほうしゅういん》の館や菱櫓《ひしやぐら》、西の丸にあった玉泉院丸《ぎょくせんいんまる》、また新丸の細工所や作事所、北の丸の東照宮、表能舞台や奥能舞台など、城内の建物は機能性と美に優れている。さらに著名な絵師に命じた障壁画やわざわざ建造が困難とされる菱形に組み上げられた菱櫓も、加賀藩や加賀職人の矜持を示す好例だともいわれている。細かい部分にも気を抜かず、むしろ細かい部分にこそ繊細な技術力が投入された金沢城は、戦場にも算盤を持参したという几帳面な利家の性格を反映した城だったのかもしれない。焼失してしまった金箔瓦の天守閣が存在した時代、金沢城は徳川家康に唯一対抗しうると目された利家の居城にふさわしく、資金と技術力の粋を尽くした城として燦然《さんぜん》と輝いていたのであろう。

また、加賀藩の庭園であった兼六園《けんろくえん》も敷地の中に池や築山を配した雄大な庭園として日本三名園に数えられ、加賀藩の繁栄を今に伝えている。

丸岡城《まるおかじょう》

福井県坂井市

所在地

福井県坂井市丸岡町霞町1-59

城DATA

築城年	1576年もしくは1613年以降
別名	霞ヶ城
城郭構造	連郭式平山城
天守構造	独立式望楼型 2重3階（建造年不明 木造 現存）
築城主	柴田勝豊
主な城主	本多氏、有馬氏
廃城年	1871年
遺構	現存天守、移築門、石垣
指定文化財	重要文化財（天守）

MEMO

天守は1948（昭和23）年に起きた福井地震で倒壊したが、1955年に元の通り組み直し修復された。

古さで一、二を争う現存天守

福井は日本海に面していてその寒冷な気候から、福井の人は我慢強さや規律正しい生活を送るとされている。これは武士にもおそらくいえたことで、この地に建てられた丸岡城も、その性格を出しているかのように、いかにも礼儀正しさの中に潜む荒々しい性格をした姿を現代に残している。

丸岡城は国内に十二カ所存在する現存天守の一つで、天守は重要文化財に指定されている。その概観は北陸の寒さをしのぐために石瓦が葺かれているところにまず目がいくが、この石瓦の石は福井市内でとれる笏谷石《しゃくだにいし》と呼ばれる石でつくられている。銃眼や物見窓の荒々しさで、桃山時代の金箔瓦の絢爛《けんらん》さなどは吹き飛んでしまい、その佇《たたず》まいには古武士のような無骨さを覚える。

もともとは柴田勝家の甥の勝豊《かつとよ》が築城した平山城である。初期天守の典型で、野面積みの天守台の上に建てられた二重三階、東西十二・七メートル、南北十・八メートル、高さ十二・六メートルの望楼型構造で、一六一三年以降の築という説と、一五七六年築の説がある。もし後者の説が正しければ、古風なつくりは時代に合致する。

有識者の間では犬山城天守が最古か、丸岡城天守が最古かで意見が分かれている。丸岡が最古の天守と主張するものを退ける資料として、一六一三年に描かれた絵に天守が描かれておらず、櫓や門のみが描かれていることがあげられている。他には最上階の望楼が三間×四間と、初期望楼としてはサイズが大きすぎるという指摘もある。

しかし前述の通り非常に古いつくりであることに加え、天守が描かれていなかった絵にも天守台石垣に二重枠が引かれており、これが二重の建築物構造を示唆するという者もいる。軒下が漆喰《しっくい》ではなく白木づくりであり防火面から優れていないこと、さらに望楼と母屋が別の柱でつくられているなど、初期望楼型の典型例が多数見られる。これは先ほど最古を競っていると述べた犬山城や高知城に見られるものでもある。他にも、この天守の柱は堀建柱であり、これは戦国期によく見られた礎石と土台を用いない建築術である。慶長説を採択するには、時代にあまりにそぐわないつくりといえよう。

それらから、この天守をつくった人物・時代は特定できないが、この城郭の基礎をつくった人物は間違いなく柴田勝豊であると考えられる。

丸岡城の絵図を見ると、連郭式縄張と環郭式縄張の両方の特徴を持っていることがわかる。本丸の北方に二の丸を敷き、二つを囲むように幅が五十間にも及ぶ大きな内堀で約六ヘクタールの中核部を囲い込んでいる。その東に東の丸、北に二の丸、三の丸があり、武家屋敷が配置され、これら全体で城郭を形成していたようだ。五角形の堀を持ち、最大幅が九十一メートルもある。

そもそもなぜ、この地に柴田氏が入ったのかを紐解いてみよう。この地付近には豊原寺《とよはらじ》があり、戦国の世において豊原寺は平泉寺《へいせんじ》とともに多くの僧兵を抱え、城郭化していたという。豊原寺は武力集団となり、北陸に構える一向宗本願寺派の吉崎御坊と敵対した。

一五七三年、織田信長は越前に侵攻した。豊原寺と結んでいた朝倉義景《あさくらよしかげ》はこれを受け自刃し、朝倉氏は滅亡。これに乗じて、翌年本願寺顕如《ほんがんじけんにょ》は豊原寺を総攻撃し、占拠。さらに平泉寺を焼き払った。この北陸における一向宗の台頭に、殊の外敏感に反応したのは織田信長である。信長は一向宗ならびに一向宗が煽動《せんどう》した一揆を極度に嫌っており、この越前と加賀を支配した一向一揆を平定することとした。信長は十万の兵を連れて岐阜城より出撃。圧倒的な武力を以て一揆を平定し、途中から本陣を置いた豊原寺を勝豊に与えた。勝豊は吉崎御坊により破壊された豊原寺を再興し、山上山に居城を構えた。これを豊原寺城と呼んだ。しかし、この城は峻険な山城であった。勝豊は不便なこの山城から、丸岡に新たに城をつくり居城とすることを選んだ。こうして、丸岡城は成立したのだ。

柴田勝家が北ノ庄城《きたのしょうじょう》で滅びると、この地は丹羽長秀《にわながひで》の所領となり、丸岡城には青山宗《あおやまむね》勝《かつ》を入れ置いた。宗勝の子・忠元《ただもと》は関ヶ原の戦いで西軍として戦い、改易させられる。代わって結城秀康《ゆうきひでやす》の家臣である今村盛次《いまむらもりつぐ》が二万六千石を与えられ入城した。しかしその後盛次は失脚し、本多氏が入るも三代続いたところでお家騒動が起こって取り潰される。結局一六九五年に越後糸魚川《いといがわ》から有馬氏が五万石で入り、明治維新まで続くことになる。

またこの丸岡の地は古代から天皇に関する伝説などが残っており、古くから開けていた土地でもあった。

曰く、継体《けいたい》天皇御子、椀子皇子《まろこのおうじ》がこの地で生を受けたとの伝承であり、この皇子の名がなまり丸岡となったといわれている。天皇伝承に関しては事実とされており、伝承だけでなく氏族などもこの地に多く存在する。古墳群も見られ、いかに昔から便のよい地であったかを物語っている。

伝説といえば、人柱となった女性、片目のお静の伝説も残っている。彼女は自らの子の仕官を託し、勝豊が城を移した際に人柱となった。しかし子は勝豊が移封してしまったせいで仕官できず、恨んだ彼女は片目の大蛇となり、涙で堀に毎年水を満たしたといわれている。また、仕官の話のないパターンもあり、彼女は大蛇となり、城が外敵による危機に見舞われると深い霧を吐き、城を隠し守護したとも伝えられている。これにより、霞ヶ城《かすみがじょう》の別名もある。また、先の椀子皇子の化身が大蛇となり、霧を吐いてこの地を庇護しているという伝説もある。この辺り一帯に霧が立ちこめやすいということを表す伝承であるが、この霧という要素はまた天然の要害としての機能を持っていたのだろう。

現在は天守以外の建造物はなく、その天守も一九四八年の福井大地震によって倒壊した。後にその精密性には疑問が投げかけられている。

一《いち》乗《じょう》谷《だに》館《やかた》

福井県福井市

所在地

福井県福井市城戸ノ内町ほか

城DATA

築城年	**南北朝時代**
別名	**一乗谷城**
城郭構造	**山城**
天守構造	**なし**
築城主	**朝倉氏**
主な改修者	**桂田長俊**
主な城主	**朝倉氏、桂田長俊**
廃城年	**1575年**
遺構	**土塁、堀、門**
指定文化財	**遺跡(特別史跡)、庭園(特別名勝)、遺跡出土品(重要文化財)**

MEMO

館全体が国の特別史跡で、そのうち諏訪館跡庭園、湯殿跡庭園、館跡庭園、南陽寺跡庭園の4つの庭園が国の特別名勝の指定されている。

日本最古の花壇・花園があった越前の小京都

一乗谷館は、越前朝倉の主城である。福井市街の東南十キロメートルほどのところにあるこの城は、越前の守護大名、朝倉氏の代々の居館であった。東西の幅五百メートル、南北に三キロメートルほどの谷底平野をその領域とし、谷の上下入り口部分をそれぞれ上城戸、下城戸と呼ばれる塁壁で防御し、谷間の平地を城下とする特殊な構造であった。

その主たる政庁として、城主館が上下城戸の中央やや南側の山の麓《ふもと》に位置し、その背後の山、標高四百三十六メートルの一乗山に、詰めの城である一乗山城を配している。この一乗山城には、朝倉氏居館の中之御殿背後の朝倉敏景《としかげ》墓所裏手からのルートと、居館の北、八幡神社方面からのルートから登ることができる。どちらも三十〜四十分で山頂に到達できるので、ちょっとした登山、ハイキングによいコースとなっている。

八幡神社方面から登ると、小城、馬出という出城があり、さらに登ると小見放城《こみはなちじょう》に出る。小見放城は大きく三段に削平された曲輪と堀切とで構成されている。さらに登ると、「不動清水」と呼ばれる曲輪に出る。別名を「水の手曲輪」。その背後、一段高くなっているのが「千畳敷」と呼ばれる広めの曲輪で、一説にはここが本丸とされるが、構造的に見て、さらに高地となる主峰の三つの曲輪が本城であろう。現地の標柱では、一の丸、二の丸、三の丸と書かれている。周囲の斜面は畝状竪堀がぐるりとめぐり、さすがに一国の守護の城だけあって、かなり手が入っている。

主城の西側、城下となる谷間を挟んで向かい側にも山稜が続くが、こちらも複数の山城が確認できる。

軍記物である『朝倉始末記』には一四七一（文明三）年に戦国武将で、初代の朝倉敏景（孝景・教景）が黒丸館（福井市黒丸町）から本拠を移したと記されているが、「朝倉家伝記」や「朝倉家記」などによると、朝倉氏は南北朝時代には、一乗谷を本拠にしていたと書かれている。朝倉氏の重臣や、応仁の乱により荒廃した京から、多くの公家や高僧、文人、学者たちが避難して、この地に移り住んだため、一乗谷は栄え、また華やかな京文化が開花した。

一乗谷城の城下と朝倉氏の居館は、この東西の山城と、その間の谷間、谷間を外界と区切る城戸により全周を囲まれた、巨大な要塞都市ということができるだろう。

一乗谷城の発達段階の早い時期では、八幡神社近くに、領主である朝倉一族の屋敷があった。一乗谷がまださほどに発達していなかった時代は、このあたりが一乗谷の中心として機能していたのであろう。要するにこちらが本来の大手であったのだ。

時代が下がり、谷間を上下城戸でくくり、その挟まれた区域を城下町として城域に取り込むと、大手は上城戸近くへと移行することになる。朝倉氏の勢威が高まり、その勢力範囲が拡大するのにつれて、城下もまたさらに発展を見せ、この上城戸の外にまで町屋、武家屋敷がはみ出し、立ち並ぶようになったという。

朝倉氏の居館も八幡神社方面から移動し、現在の朝倉館の位置に移り、武家屋敷なども朝倉館と一乗谷川を挟んだ向かいに発達する。朝倉氏の館は三方を土塁と濠に囲まれ、内部には二十棟以上の建物があった。枯山水の庭園もあり、まるで公家の屋敷のようである。重臣の居住する武家屋敷は、南北に走る五・五メートルほどの幅のメイン道路に沿って立ち並び、町屋はその北方、下城戸方面に広がっていた。メイン道路は直線ではなく、食い違いに何度も折れ曲がっているが、これは城下町に共通の構造である。これを矩折と呼ぶが、この一乗谷もそうしたつくりを採用している。

朝倉氏の勢力が安定すると、城下は小京都と呼ばれるほどに雅《みやび》なものとなっていった。朝倉氏の館と重臣の館では、日本最古の花壇・花園があったというから驚きである。花壇については、公家の富小路資直《とみのこうじすけなお》が一乗谷を訪れたときに、日記に記録している。公家《くげ》が着目するほど、朝倉氏は雅な生活をしていたということである。

発掘調査でもこの花壇の存在は確認され、花粉などの調査から、キク科、ユリ科、アブラナ科の花が植えられていたことがわかっている。

　構造的には、谷の上下をふさいでその間を城下町としているだけであり、その防御能力にはおおいに疑問がある。山稜が山城化されているとはいえ、城戸が破られてしまえば、城下が灰燼《かいじん》と帰するのは自明である。つまるところ、要塞都市とはいえ、北条氏の小田原のように徹底したものではなく、それが維持できるのは、朝倉氏の勢威が周辺勢力に上位している間だけということになる。実際、信長の侵攻には耐えられず、歴史ある守護大名の居城のわりには、かなりあっさりと落ちている感がある。詰めの城として山城を用意してはいるものの、本拠が敵に占拠されてしまっては、城に詰めたところでジリ貧となることは明確で、史実でも朝倉氏は、この詰めの城に籠もっての抵抗を考えてはいなかったようである。

　もっとも、五代百年にわたって繁栄した守護大名家としては、領内に敵を迎え入れることなどは想定していなかったともいえるだろう。信長に破れたために、朝倉氏が惰弱であったようなイメージがあるが、実際はなかなかどうして精強な大名であったようだ。

　とはいえ、五代目ともなるとどうにも文弱な当主が生まれるようで、義景という軟弱な男が名門朝倉を背負ってしまった。せっかく育て上げた家臣団も、百年の間には官僚的になり、新興勢力の信長には対抗できなくなっていた。将軍・足利義昭のような非常に強いカードを手に入れ、京まではわずかという立地でありながら天下をとれなかったのは、ひとえに朝倉義景の無能による。有能な明智光秀のような武将を使いこなすこともなく、将軍家の威光を有効に使うこともせず、ただ、京の公家風の日々に溺れてしまったのだ。

近年、非常に整備が進み、朝倉館や重臣の屋敷の門や塀が復元され、往時を偲ぶことができる。その豪壮さに、短期間で滅んでしまった朝倉氏の哀れが感じられてならない。

躑《つつ》躅《じ》ヶ《が》崎《さき》館《やかた》

山梨県甲府市

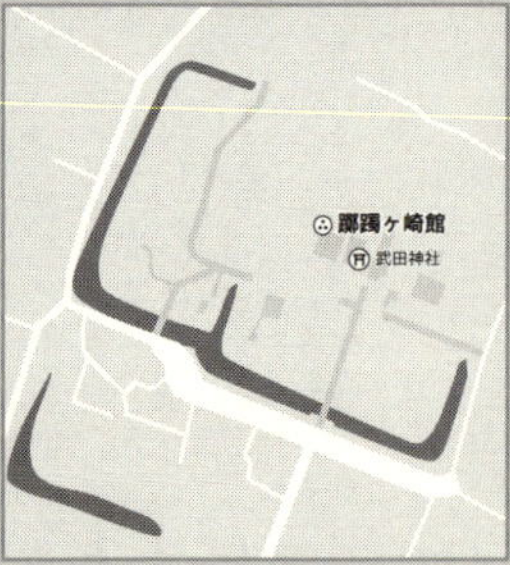

所在地

山梨県甲府市古府中町2611

城DATA

築城年	**1519年**
城郭構造	**連郭式平城**
天守構造	**不明**
築城主	**武田信虎**
主な改修者	**徳川氏、羽柴秀勝、加藤光泰**
主な城主	**武田氏、徳川氏、豊臣秀勝、加藤光泰、浅野長政**
廃城年	**1594年**
遺構	**石垣、土塁、堀**
指定文化財	**国の史跡**

MEMO

跡地は1919（大正8）年に創建された武田神社の境内だが、主殿の規模が縮小されたり、南の石垣が崩されたりした。遺構として土塁、堀、石垣、虎口などがある。

「人は石垣、人は城」で知られる武田氏の居城

躑躅ヶ崎館を建てたのは武田信玄の父信虎《のぶとら》で、築城が開始されたのは一五一九年とされる。信虎はそれまでの居館であった石和館《いさわやかた》から新たに躑躅ヶ崎に館を建てるとともに城下町を整備し、甲斐の本拠として町の名を甲府と改めた。今も使用される「甲府」の名は、躑躅ヶ崎館とともに誕生したのである。

翌一五二〇年ごろには、武田氏に連なる国人層の屋敷も府中に建てられている。しかし数代前に武田家から分かれた有力国人層らは武田惣領家被官となることを拒否し、信虎に反抗していた。そのため信虎はまず栗原氏、逸見《いつみ》氏、大井氏ら甲斐国内の有力国人を制圧しなければならなかった。また、当時は駿河や相模地方の勢力も甲斐を狙っていたため、信虎は躑躅ヶ崎館の北東二・五キロメートルに位置する要害山に城を築いた。万一敵方に攻め込まれた場合、平地の館では守りに適さないためである。ただし、この要害山城は躑躅ヶ崎館の竣工直後に着工されているため、急場しのぎで建造されたものではないようだ。おそらく信虎の頭の中では平時には躑躅ヶ崎館、戦時には要害山城と両者を使い分ける計画が初めからできあがっていたのであろう。

信虎は反抗する国人層の中心的人物であった栗原信友の城を焼き払い、大井氏からは夫人を迎えて被官化した。このときに迎えた正室が、後に武田信玄の実母となる「大井の方」である。結局、信虎が甲斐統一を果たし、戦国大名として国外に打って出たのは甲府開府から十数年が過ぎてからのことであった。そして一五四一年、駿河に赴いた信虎は息子の晴信（信玄）に退路を断たれ、そのまま駿河へと追放されてしまう。信玄の謀反の理由については父子が不和だったとする説や、信虎の圧政により庶民が苦しんでいたとする説など諸説あるが定かではない。ともあれこうして信玄は武田家の家督を相続した。

信玄は信濃、駿河、東美濃などを次々と手中に収めたが、その間も一貫して甲府と躑躅ヶ崎館を本拠とした。また、躑躅ヶ崎館に入城してから没するまでの三十二年間、信玄は甲斐国やその他の領土に敵方を一歩も踏み込ませることはなかった。戦に巻き込まれる心配のない地には自然に人が集《つど》う。信玄の庇護下にある甲府には諸国の商人や芸人などが集まり、京都から訪れた公家や歌人が京風の文化を伝えたという。

信玄が残したとされる有名な言葉に「人は石垣、人は城」がある。この言葉があまりに有名なために「信玄は本拠の防備を固めなかった」と考える向きも多いが、実際の躑躅ヶ崎館には土塁も堀も用意され、有事のための要害山城も備えられている。確かに躑躅ヶ崎館の守りは固いとはいい難いが、手薄でもなかった。また、四方を山脈に囲まれた甲斐にあっては、自然そのものが天然の要害だと信玄が考えた可能性もある。

信玄の下で隆盛を誇った甲府に翳《かげ》りが見え始めるのは、一五七三年に勝頼が跡を継いでからである。勝頼は一五七五年に三河に侵攻して長篠城《ながしのじょう》を包囲するものの、援軍に駆けつけた織田、徳川の連合軍に設楽原《したらがはら》の戦いで大敗を喫する。

この敗北をきっかけにして武田氏の勢いは次第に衰え、勝頼を見限って敵方につく武将も現れ始めた。そのため躑躅ヶ崎館を守りきることすら困難となった勝頼は、一五八一年に館を離れ、韮崎の地に新府城を築いて移り住んだ。こうして躑躅ヶ崎館は信虎、信玄、勝頼と六十二年間続いた武田氏の居城としての役目を終えたのである。

躑躅ヶ崎館は現在、武田信玄を祭神として祀る武田神社となっている。

その後、甲斐の中心は甲府城へ移ることになる。甲府城は徳川家康に甲府城築城を命じられた平岩親吉《ひらいわちかよし》をはじめとして羽柴秀勝《はしばひでかつ》や浅井長政《あざいながまさ》らが居城としているので、この期間に築かれた施設も多いようだ。館周辺の石垣や出入り口の虎口石垣も、武田氏のあとに入城した者たちによる手がかなり加わっていると思われる。

武田神社の社の地は、信玄の執務所があった中曲輪の跡である。また、かつて武田家家臣や同盟関係にある大名の妻子が住んでいた西曲輪、通称「人質曲輪」の跡地には甲府市藤村記念館が建ち、現在は教育資料館として利用されている。

小《こ》諸《もろ》城《じょう》

長野県小諸市

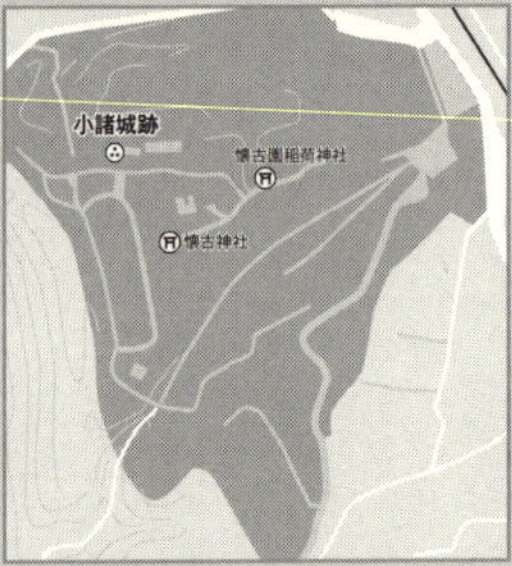

所在地

長野県小諸市丁311

城DATA

築城年	**1554年**
別名	**酔月城、穴城、白鶴城、鍋蓋城**
城郭構造	**平山城**
天守構造	**三重**
築城主	**武田信玄**
主な改修者	**仙石秀久**
主な城主	**武田氏、仙石氏、牧野氏など**
廃城年	**不明**
遺構	**大手門、三之門、天守台、石垣、空堀**
指定文化財	**重要文化財（大手門、三之門）**

MEMO

現存する建造物は石垣と懐古園の入り口の三の門、市街地に存在する大手門のみ。これら２つの門は国の重要文化財に指定されている。また天守台、石垣なども現存している。

軍師・山本勘助《やまもとかんすけ》が縄張？ 攻め手を見上げる城

「小諸なる古城のほとり雲白く　遊子悲しむ　緑なす繁縷は萌えず　若草も敷くによしなし」

と島崎藤村《しまざきとうそん》が詠んだ小諸城。さほど観光客も多くなく、とても静かな城である。

「穴城《あなじょう》」という愛称のある小諸城。理由は、その独特の縄張にある。

通常、天守を置く本丸は一番高い位置が選ばれる。天守は周囲を高所から見張る櫓としての機能を持つものである以上、これはどの城も共通である。しかし、小諸の場合はまったくの逆で、城下町が高い位置にあり、本丸はそれよりも低い立地となっている。この独特の縄張は他に類を見ない。

小諸城の歴史を追いかけていくと、一五五四年に武田信玄がこの地に東信濃の拠点として城を築いたというのがその始まりである。この初期の縄張は武田家に仕えた軍師、山本勘助のものであったと伝えられている。

千曲川《ちくまがわ》側から順に本丸、二の丸、三の丸と配置され、その左右に多数の曲輪が築かれている。小諸城の両側面は、南北に走る深い谷によってさえぎられ、西側は千曲川の急流で、攻勢ルートは東から大手への一つしか存在しない。千曲川を西に置き、次第に高くなっていくこのすり鉢状の縄張は、なるほど要害として優れている。自然谷と人口谷により防御されている他、深さ十五メートルから二十メートル、幅が十五メートルから二十五メートルの空堀の谷が南に四つ、北に五つあった。本丸も石垣により区分けされ、これは安土桃山期に見られる本丸の内部に帯曲輪を設ける形でもある。フランス・パリが城塞都市として優れていたのも、このようにすり鉢状の構造をしていたからである。規模は違えど、その機能は同じと考えてよいだろう。奇抜な形に見えるその縄張は、実は非常に理にかなった形をしているのである。

もとは信濃の豪族大井氏の乙女城であったが、南北に走る深い谷間を利用し、規模を拡大させたのが小諸城である。

主防御線が東側一方向のみとなる天然地形であるので、人工の堀切は大手側のみにつくればよく、コストパフォーマンスのよい城ということもできるだろう。

武田氏が滅亡したあとは上野国と信濃佐久郡・小県郡は織田家臣の滝川一益の支配下となる。城代は道家正栄が務めるが、天正十年六月二日に起こった本能寺の変により、相模国の北条氏が上野国へ侵攻し、一益は北条氏と神流川で交戦するも敗退。敗走した一益は小諸城へ入城する。その後、佐久郡の国衆・依田信蕃《よだのぶしげ》と小諸城にて会談、また木曽郡の木曽義昌とも交渉し、小諸城を退去して本国の伊勢国長島へ帰還した。これにより小諸城主は依田信蕃となる。その後は徳川が本能寺の変のあとのドサクサで領地化。小田原の役後はその功を認められた仙石秀久《せんごくひでひさ》が五万石の大名として入った。このとき、仙石氏により、現在伝えられている縄張や石垣などが築かれたという。

仙石秀久は豊臣秀吉の最古参の家臣であり、その歴史は秀吉が信長のもとで台頭し始めたころに遡《さかのぼ》る。それまでは美濃の斎藤氏に仕えていたが、信長に斎藤氏が滅ぼされたあとは秀吉に仕えた。秀久は秀吉の家臣としては一時期まで出世頭であった。秀久は一五七四年に秀吉より近江野洲《おうみやず》郡千石を賜り、後に四千石加増され、そして四国征伐の軍功が認められ、讃岐高松十万石を与えられ大名となる。しかし、翌年の九州征伐では、功を焦ったばかりに島津軍に大敗を喫し、それだけではなく諸将を差し置き逃散し、讃岐まで逃げ帰った。そのさまを聞いた秀吉は激怒し、秀久を改易している。『豊薩軍記』には「仙石は四国を指して逃げにけり、三国一の臆病者」とまで書かれているが、秀久が歴史的な敗北を喫したこの戦いを、戸次川《へつぎがわ》の戦いと呼ぶ。

しばらく高野山に押し込まれていた秀久だったが、徳川家康の後押しもあり、小田原征伐に参加し、ここで小田原城早川口の攻防で虎口を抑えるなど目覚ましい戦功を挙げ、大名に復帰する。これは秀吉政権においては非常に珍しいことだった。このときに拝領したのが信濃小諸五万石である。

その後は秀吉のもとで肥前名護屋城《びぜんなごやじょう》や伏見城の築城に携わるなどで功績を挙げ、秀吉が没したあとも、かねてより交流のあった徳川に近づき、関ヶ原では東軍に参加。豊臣重臣としては外様でありながら所領を安堵された数少ない大名である。

秀久は小諸城を整備し、天守を構えた。天守構造は三重であったことと、「十三間四方、高さ四間」であったこと以外は何も伝わっていないが、桐紋の施された金箔瓦が見つかっている。桐紋は秀吉によって秀久が使用を認められた紋である。残念ながら一六二六年に落雷により天守は焼失した。秀久はその後上田に移封となり、その後は小諸藩の藩庁が置かれ、松平氏、青山氏、酒井氏など譜代大名の居城となる。一七〇二年に牧野氏が入り、そしてそのまま維新まで続いた。

小諸城は懐古園《かいこえん》という名の公園となっているが、ここに新幹線が通るという計画があった。小諸城の一部を駅にするという案が浮上したが、地元の人々はこれに反対した。新幹線が通るとそれまで走っていた特急が消え、東京から小諸へは直接アプローチができなくなり、その経済的打撃はいかほどかわからない。それでも、小諸の市民は新幹線の駅建設を拒否した。

今、小諸の町はあまり栄えているとはいえない。それとは対照的に新幹線の駅ができた佐久市は大いに発展し、経済的にもかなり潤っているようだが、文化遺産としての城を守り、後世に残すことを小諸市民は選んだのである。

松本城《まつもとじょう》

長野県松本市

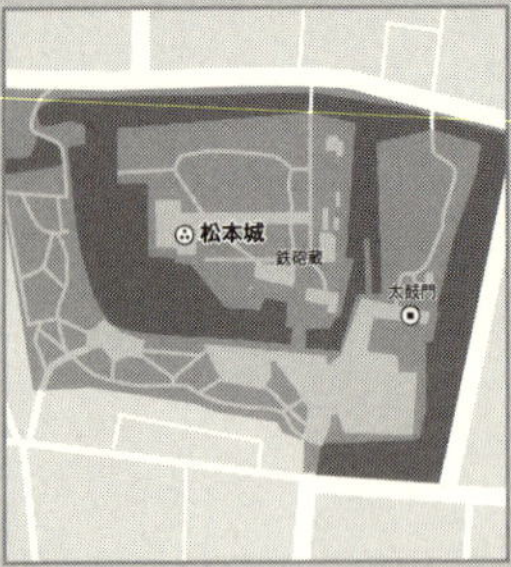

所在地

長野県松本市丸の内4-1

城DATA

築城年	**1597年**
別名	**烏城**
城郭構造	**梯郭式＋輪郭式平城**
天守構造	**複合連結式層塔型5重6階（1633年改）**
築城主	**石川康長**
主な改修者	**松平直政**
主な城主	**石川氏、松平氏、堀田氏など**
廃城年	**1871年**
遺構	**現存天守、石垣、土塁、堀、二の丸土蔵**
指定文化財	**国宝（天守）、国の史跡**
再建造物	**黒門、太鼓門**

MEMO

現存 12 天守の中では唯一の平城。松本市では信濃毎日新聞社と共同で、松本城の世界遺産登録を目指している。

祟りで傾いた、国宝の天守

信州といえば蕎麦《そば》である。ぜひ、松本城を見る前には蕎麦を食べて腹ごしらえをしてから散策していただきたい。

信州の蕎麦の美味さは、その土地に所領を持った大名にとっても忘れられないものとなるらしい。たとえば、小諸を領した大名・仙石秀久の子、忠政《ただまさ》は、但馬出石藩《たじまいずしはん》に転封となったとき、出石に小諸の蕎麦職人を連れていき、今日の出石蕎麦へとつながっている。

出雲蕎麦もまた信州そばにルーツがある。松江藩主・松平直政《まつだいらなおまさ》が、前任地の信州松本で蕎麦の魅力に取り付かれ、やはり出雲にその技術を伝えたのが出雲蕎麦の始まりということになっている。城に歴史があるように、蕎麦にもそれなりの歴史があるということである。出雲や出石で蕎麦を食べるときには、ぜひ、信州の小諸や松本にも思いを馳せていただきたい。

＊　　＊　　＊

松本城の美しい天守は、現存天守の中で、国宝に指定されている四つのうちの一つである。築城は一五九七年ごろ、石川康長《いしかわやすなが》によるものと考えられている。複合連結式層塔型五重六階の天守であり、大天守と小天守、辰巳付櫓のバランスのとれた絶妙な配置は、見るものに感動を与える迫力がある。

その黒い色から、市民からは「烏城」と呼ばれて親しまれている。

松本平の地に最初に城が築かれたのは、戦国時代の永禄《えいろく》年間（一五五八〜一五六九年）である。この地を支配していた信濃守護である小笠原氏が、居城の林城《はやしじょう》の支城として築いた深志城《ふかしじょう》が、後の松本城である。

甲斐の武田信玄の侵攻を受け小笠原氏が逃亡すると、信玄は林城を破棄し拠点として深志城を改修。そこには武田家重臣の馬場信春《ばばのぶはる》が入った。

武田氏滅亡ののち、一五八二年には徳川家康の配下である小笠原貞慶《おがさわらさだよし》が入り、父の代で武田氏に奪われた深志城を奪還した。このとき、松本城と命名。その後豊臣秀吉が小田原討伐を終え、徳川家康が関東へ移封となり、同時に小笠原氏も下総古河へ移動した。代わって入った石川数正《いしかわかずまさ》とその子康永《やすなが》が、城や城下を整備・発展させた。

縄張は梯郭式で、北から南へ曲輪が配され、特に平城らしく馬出し・枡形などの構造が目立つ。内郭は約八ヘクタールの広さを持っていて、その中の本丸は南北百六十メートル×東西百九十メートルの広さを誇る。

天守はその本丸の西南にそびえ、脇には辰巳付櫓と月見櫓を従えている。しかしなんといっても特筆すべきことは、大入母屋を持たないその構造だ。松本城の天守の完成年代について詳しいことはわかっていないが、一六一五年ごろに築かれたといわれている。そのころの天守構造は、主殿が大入母屋屋根《おおいりもややね》を持った層が積み重ねられている場合がほとんどであり、丸岡城の初期天守は大入母屋に望楼を付け加えた構造であるし、岡山城は二重の大入母屋が三つ重なっている構造である。ほかの代表的な文禄期の天守はすべて大入母屋が特徴としてあるのだが、この松本城天守にはそれがない。

大入母屋が天守から消えるのは層塔式天守が主流となっていた一六一〇年以降である。では松本城天守の築城年代が間違っているのかというと、そうではない。石川氏が改易された年の一六一三年には天守は間違いなく存在したし、小笠原氏や戸田氏は天守の改修を行なっている。まごうことなき石川氏時代の建造物である天守だが、その名残は昭和の大改修で明らかとなった。

三重目東側に見られる千鳥破風や、さまざまな個所に散見される破風の痕などには、大入母屋の風情が濃く残っている。つまり、寛永年間（一六二四～一六四四年）に天守は大幅に改修され、現在の姿になったと推測できるのだ。すなわち、石川氏が築いた天守は乾天守のみで、小笠原氏が一六一五年ごろに五重天守を築いたのだ。この文禄期の建造がゆえに、石落や狭間が天守と乾櫓には見ることができる。攻城戦に対する備えの意識の違いがここからうかがえるのだ。

　つまり、今日見られる天守は先述の通り、小笠原氏や戸田氏によって改築されたあとの姿ということになる。また、その後に入封した松平直政は、そこに新たに二つの櫓を設けている。辰巳櫓と月見櫓である。

　これらは寛永年間に増築されたため、極めて優美かつ風流なつくりとなっている。天守に月見櫓が隣接している例はここ以外に残っていないため、資料的価値も大変に高い。その松平氏が移封となったあと、堀田氏が入り、その後水野氏が入る。この水野氏の代に起きる事件が、松本城を文字通り「傾ける」事件となるのだった。

＊　＊　＊

　水野氏三代目の藩主である忠直のとき、年貢米が増やされた。折しも凶作続きであったため、農民らは困窮し藩に減税を求めて一揆を起こした。藩はいったん聞き入れるふりをし、彼らを騙し捕らえ、首謀者を磔刑に処した。その首謀者の一人、加助はいまわの際に刑場から見える松本城天守を見据え、「おのれ、我が一念により天守を傾けてやる」と叫び、殺された。そのとき、天守は西に傾いたというのである。不気味に思った藩は天守を戻そうとしたのだが、何度戻してもすぐ傾いてしまう。四十年後、藩主の水野忠恒《みずのただつね》が江戸城内で乱心。改易され、藩内では「加助の祟りだ」とまことしやかに囁かれたという。事実、天守は傾いていて、明治期に入ってその傾きは激しくなった。この事態に憂慮した地域住民や中学校校長であった小林有也らにより天守保存会が設立され、十年に渡り大改修が行なわれたと記録されている。

時代は少し遡るが、明治維新後、天守が競売に出されていたが、これも地元の有力者によって買い戻され、その美しい姿が守られている。維新直後、多くの城の建物が競売にかけられ、二束三文で買われ、ひどいものになると解体され、風呂を沸かす薪となったものもあるという。地元を愛し、守ろうとする信濃の国の人々の大きな愛には、感動を覚える。

上田城《うえだじょう》

長野県上田市

所在地

長野県上田市二の丸

城DATA

築城年	**1583年**
別名	**尼ヶ淵城 真田城**
城郭構造	**梯郭式平城**
天守構造	**不明**
築城主	**真田昌幸**
主な城主	**真田氏、仙石氏、松平氏**
廃城年	**1874年**
遺構	**櫓、石垣、土塁、堀**
指定文化財	**長野県宝(南櫓、北櫓、西櫓)、国の史跡**
再建造物	**門**

MEMO

1994年に上田城跡本丸東虎口の石垣上に立つ、南櫓と北櫓の間を結ぶ東虎口櫓門と袖塀が古写真を基に復元された。

徳川親子二代を撃退した真田氏の堅城

千曲川《ちくまがわ》に面した丘の上に位置する上田城は、真田幸村の父、昌幸によって一五八三年に築城された。階段状の河岸段丘が天然の要害として敵方を阻《はば》む難攻不落の城である。千曲川の支流である尼ヶ淵《あまがふち》に面していたことから「尼ヶ淵城」とも呼ばれた。

上田城が初めて戦の舞台となったのは築城の二年後、一五八五年になってからである。昌幸は領地の沼田（群馬県）をめぐって徳川家康と対立し、上田城にて家康の軍勢を迎え撃った。このときの徳川軍は七千とも八千ともいわれる。迎撃に出た昌幸の子、信之は退却するふりをして徳川軍を城近くまでおびき寄せ、城内から丸太や矢、弾丸などを浴びせかけたという。これに混乱し退却をはじめた徳川軍はさらに追撃を食らい、多数の被害者を出した。徳川軍は上田城の東に位置する神川を渡る際にも追撃を受けたため、逃げ切れず溺死した将兵も多かったようだ。

ちなみに南方に尼ヶ淵を臨み、北方と西方には二重、三重の堀を構えていた上田城は、あえて東の守りを甘くして敵方を迎えていたのではないかと推測されている。

「上田合戦（第一次上田合戦）」とも「神川合戦」とも呼ばれるこの戦いでは徳川軍は約

千三百もの死者を出したのに対し、真田軍の死者は四十人程度だったと真田方の記録に残されている。あくまで真田方の記録なので公平な数かどうかは不明だが、上田城に守られた真田軍が大勝利を収めたのは間違いないようだ。

この合戦の後、家康は真田氏と手を結び、本多忠勝の娘を養女として信幸に嫁がせている。その一方で、次男の信繁（幸村）は石田三成を介して大谷吉継《おおたによしつぐ》の娘を妻とした。この婚姻関係により、関ヶ原の戦いでは真田昌幸と信繁は西軍に加わって上田城に残り、信幸は家康に与して出陣している。昌幸、信幸、信繁がそれぞれ武士としての対面や筋を守りつつも、西軍と東軍のどちらが勝利しても真田家を残せるようにという判断であった。

一六〇〇年、昌幸、信幸、信繁の三人は家康とともに上杉征伐に加わり、下野に進軍していた。だが、下野に到着した昌幸に三成から豊臣方挙兵の報が届いたため、昌幸と信繁は上田城に取って返して籠城したのである。その上田城に進軍してきたのは、家康の息子、秀忠の率いる三万八千の大軍であった。

秀忠は当初、上田城の明け渡しを求めて使者を送ったが、昌幸は降伏を約束しておきながら実行には移さず時間を稼いだ。このままでは合戦に間に合わないと判断した秀忠は、父家康が十五年前に落とせなかった上田城を相手に城攻めを決断する。今回の兵力は前回の四倍から五倍である。だが秀忠軍は逆に真田方の伏兵に迎え撃たれ、四日間の戦闘の末に上田城を落とすことを諦めている。秀忠は結局、上田城にてこずったせいで天下分け目の決戦には間に合わなかった。この戦いを「第二次上田合戦」と呼ぶ。

秀忠軍を合戦に遅らせるという活躍を見せた真田軍と上田城だが、関ヶ原の戦い自体は東軍の勝利に終わる。昌幸と信繁は当初死罪を申し渡されたが、兄信幸や本多忠勝らの助命もあって紀州九度山に流された。そして、この前後に信幸は名を信之と改めている。自ら助命を嘆願した父昌幸との決別を示すためとも、父と共通する「幸」の字の使用を家康に遠慮したためとも伝えられている。

上田城は信之に与えられたが、一六二二年に松代藩《まつしろはん》へ転封となり、かわりに仙石忠政が上田城へ入城した。現在ある上田城の石垣や櫓のほとんどは、この仙石氏の時代に築かれたものである。真田氏が居城としていた時代の上田城は、天然の要害に守られてはいるものの、城自体は決して堅城ではなかった。真田氏が大軍を相手に大勝を続けた理由は設備ではなく用兵、戦術の巧みさにこそあったのだろう。

ちなみに明治維新後、上田城に七基あった櫓は西櫓を除いてすべて売却されてしまっている。そのうち二基は遊郭で使用されていたが、一九四四年に有志によって買い戻され城跡に建て直された。我々が現在、上田城跡公園で目にできる三基の櫓は、このときに買い戻された二基と売却されなかった西櫓である。

田中城

静岡県藤枝市

所在地

静岡県藤枝市 田中3-14-1

城DATA

築城年	**1537年**
別名	**亀甲城、亀井城、徳之一色城**
城郭構造	**輪郭式平城**
天守構造	**2層2階**
築城主	**今川氏**
主な改修者	**馬場信春、山県昌景**
主な城主	**今川氏、一色氏、武田氏、本多氏**
廃城年	**1868年**
遺構	**石垣、水堀、移築櫓他**
指定文化財	**なし**

MEMO

本丸を中心に、直径約600mの同心円状に3重に堀を巡らす構造。武田氏流城郭の特徴である二の丸と三の丸の外に丸馬出しが計6カ所設けられている。

同心円状のお堀で囲まれたまん丸な城

城というものは、地形に合わせて縄張を工夫するもので、山にしろ谷にしろ、城にしやすい地形を探すことから始まるものである。しかし、完全な平野部では地形の制約がなく、どのような縄張にするかは、築城者の考え一つとなる。

たとえば、数々の名城を築いた藤堂高虎《とうどうたかとら》に築城させたとすれば、地形に制約がなければ、まず正方形と長方形の組み合わせで城を築くだろう。当然、馬出しも角馬出しとなる。

これが武田流であればどうなるか。その典型が田中城ということになる。

田中城は、今川家の由比《ゆひ》美作守《みまさかのかみ》正信《まさのぶ》が在城していた徳之一色城《とくのいっしきじょう》が前身である。この時代まではとても小規模な城で、砦レベルであった。形は田中城の本丸部分そのもので方形。一五六〇年以降は、長谷川正長《はせがわまさなが》が在城していたが、一五七〇年正月、武田勢がこれを攻め、長谷川正長以下総勢三百名は開城降伏した。

余談だが、長谷川正長は城を明け渡したあとは徳川の麾下《きか》として働き、三方ヶ原合戦《みかたがはらかっせん》で討ち死にしている。その子孫は旗本として代々徳川家に仕え、そのうちの一人が火付盗賊《ひつけとうぞく》改《あらため》で知られる、鬼平こと長谷川平蔵宣以《はせがわへいぞうのぶため》である。

閑話休題。信玄はここに馬場信春を入れ、城の整備・改修に当たらせるとともに、その城の名を田中城と改名した。以来、武田氏の駿河の拠点として、機能することになる。改修が終了すると、山県昌景《やまがたまさかげ》を城将に任命した。信玄が最も信頼していた山県を入れていることからも、この地の重要性を強く意識していたことが理解できる。信玄の上洛作戦とともに、板垣信安《いたがきのぶやす》と城将を交代させているが、これは上洛作戦に山県がどうしても必要であったからであり、信玄がどれほど山県を評価していたかの現れでもある。

改修とはいえ、ほとんど新規築城のような大改築を馬場は行ない、もとからあった徳之一色城は、本丸とされてその形をとどめているにすぎない。

＊　＊　＊

田中城は徳之一色城を本丸とし、その周囲をさらに二重の水堀で囲み（外周の水路まで含むと合計で四重）、二の丸、三の丸を同心円上に配する、ほぼ円形の縄張である。円の中央に位置する本丸には天守閣はなく、二層二階の物見櫓が高さ九尺（二・七メートル）の石垣の上に建っていたといわれている。

武田が攻略した際にはすでに三の丸まで存在しており、武田氏による改修で六箇所の馬出しの曲輪が築かれた。

本丸の周囲、二の丸には東西南北四つの城門を築き、そのうち南北の城門の外には、半円形の馬出しを設置している。いわゆる武田流の丸馬出しで、大坂冬の陣で活躍した真田幸村が大坂城の南に築いた、真田丸の原型のようなものである。二の丸の外周にも円形の水濠で三の丸を築き、こちらにも東西南北の門と、それぞれに馬出しを築いている。そして、さらにその外周に円形に侍屋敷を設け、水路で囲んで防御力を強化している。

さらに田中藩初代藩主である酒井忠利が、三の丸の外側に円形の堀と土塁を設け、その内外に侍屋敷を造成し、近世田中城の基本的な形が整った。

完成した田中城は、みごとなまでの同心円状の城となり、武田築城術の成果としてその名を天下に轟《とどろ》かせた。後年、江戸期の軍学者は「円形の徳、角形の損」と城の形を評し、円形に近いほど城は防御に有利であると説いた。しかし、実際に円形の城はというと、それなりの規模では田中城のほかには見当たらない。

一五六八年の暮れから一五八二年に武田氏が滅亡するまでの期間、武田氏と徳川氏とが、駿河、遠江、三河において激しい戦いを行なっているが、これを「武徳戦争」と呼ぶことがある。田中城は、この武徳戦争における最重要拠点の一つとして、常に最前線にあり、武田の武威の象徴のようにもなっていた。大井川を境として、諏訪原城《すわはらじょう》・田中城・小山城ラインの支城群によって浜松城の徳川家康を圧迫し、駿河や遠江の旧今川家臣らの調略をベースに勢力を扶植していこうという戦略だったと推測する。

信玄が死に、長篠で敗北をした武田勢は、その勢威を取り戻せず、家康は半年の攻防のすえ、二俣城《ふたまたじょう》を奪取した。さらに家康は諏訪原城を落とし、田中城を攻めるが、流石に武田築城術の結晶、田中城である、徳川は攻めあぐねたまま、時が過ぎていく。遠江《とおとうみ》では、七年にわたる徳川の兵糧攻めで、堅城であった高天神城《たかてんじんじょう》が落ち、いよいよ田中城が攻囲を受ける番となった。同時に織田による武田討滅戦が発動し、籠城しても孤立と悟った依田《よだ》信蕃《のぶしげ》は、ついに開城を決意するに至るが、実質的には攻城により落ちたことはなく、難攻不落の城であったということができる。

この後は豊臣氏から徳川氏の治世へと移り、田中城には平穏が訪れることになる。城主の変転はしかしながら激しく、関ヶ原以降、酒井・三枝・桜井松平・水野・藤井松平・北条・西尾・酒井・土屋・太田・内藤・土岐氏と代わり、最後に上野沼田から本多正《ほんだまさ》矩《のり》が四万石で入封するとやっと落ち着き、以来本多氏が続いて明治に至る。

さて、この田中城、忘れてならない事件が一つある。

駿府城で隠居生活を送っていた家康は、鷹狩りが好きで、よく田中城を使っていた。武田に憧れのある家康にとって、武田の香りが残る田中城は居心地がよかったのかもしれない。一六一六年一月、田中城の家康のもとに、懇意にしている商人、茶屋四郎次郎《ちゃやしろうじろう》が訪れる。そこで茶屋四郎次郎は上方で流行している鯛の天ぷらで家康をもてなすのだが、これが原因で家康は腹痛を起こし、そのまま同年四月に七十五歳で没したのである。

この事件以降は田中城に大きな出来事はなく、静かに明治を迎えることとなる。残念ながら遺構は少なく、ごく一部の土塁や堀が名残を留めている程度である。田中城の南東隅の下屋敷に当たる部分に、庭園と田中城関連の本丸櫓、茶室、仲間部屋、厩、郷蔵など、建物が一部復元され、歴史公園のようになっている。

山中城《やまなかじょう》

静岡県三島市

所在地

静岡県三島市山中新田字下ノ沢ほか

城DATA

築城年	**永禄年間(1558年〜1569年)**
城郭構造	**山城**
天守構造	**なし**
築城主	**北条氏康**
主な改修者	**北条氏政**
主な城主	**松田氏**
廃城年	**1590年**
遺構	**曲輪、堀、土塁**
指定文化財	**国の史跡**

MEMO

三島市では畝堀や障子堀の構造が明確に把握できるように整備しているため、北条氏の築城方法がわかる城跡となっている。

主城・小田原城を西国から守るために築城された戦略的山城

伊豆半島のつけ根にある山中城は、東京からもそれなりに近く、かなり整備が進んでいることから、山城を歩く初心者にはうってつけの城である。

山中城は、箱根のトバ口、標高六百メートルほどに位置し、関東の覇者たる北条家が、その西側の備えとして築いた城である。

築城年代は不明であるが、永禄《えいろく》年間（一五五八〜一五六九年）に北条氏康《ほうじょううじやす》が「箱根十城」と称して、箱根周辺の城塞群を整備したときには、その要的存在として根城と位置づけられ、整備されたと伝えられている。

小田原に本拠を置く北条家は、代々駿河《するが》の今川家と関係が深く、本来的には、西方の守りはさほど重視する必要のない地勢にあった。しかし、天下を平らげようとの豊臣秀吉と関係が悪化するに及び、一五八七年にその東進に備えてさらなる整備を行なった。

東海道を城内にとり込む形の山中城は、岱崎出丸《だいさきでまる》を大きく南に張り出させ、東海道を移動する敵を側面から攻撃するようにつくられている。岱崎出丸と主郭の間を東海道が通り、そこが大手となっているのだが、構造的にその大手口で城そのものが分断されやすいという危険もある。しかし、よほどの大兵力でなければ、岱崎出丸からの横矢でかなりの損害を出し、大手口を破ることはできないはずである。

形状としては、前記の通り東海道に沿った山並みを利用し、岱崎出丸を南に大きく張り出させ、大手口で東海道をとり込むようになっている。大手口の北側に主郭が配され、本丸、二の丸、三の丸と、さらに出丸を三カ所設け、主に西方向に防御力、火線を集中している。当然ながら、その東方向は北条の勢力圏であり、こちらはあまり気にする必要がないため、かなり手薄である。

一九七三年より発掘調査が行なわれ、遺構が整備されたうえで公開されている。現地に行けばわかるのだが、この城にはさまざまな構造が用いられ、それがみごとに復元されていて、城好きにはこたえられない。大坂城や姫路城、名古屋城などとは一見して趣が違っていて、城でありながら、なんとなく優しい風情を感じてしまう。これは、この城ではほとんど石垣が築かれていないからであろう。さらには保存のために芝などが植えられ、緑が美しいからでもある。

石垣をあまり用いないというのは、関東の城の全般的な特徴である。江戸城などは、さすがに徳川家の威信にかけて築かれただけに、巨大な石垣はこれでもかと圧迫してくるが、家康が入府するまではかなり粗末な城で、石垣はほとんどなかった。

石垣の効用とは、つまるところ威圧感であり、実は土塁《どるい》であっても防御能力としてはさほど違いはない。崩れず、寄せ手が登れないのであればよいということだ。

曲輪《くるわ》を囲む堀を見ると枡形の構造をしているのだが、これは障子堀と呼ばれる構造で、底には鋭利な杭などを打ち込んでおいたりしたのだろう。通路のようになっている畝《うね》から底に落ちた攻め手を槍などで突けば、攻め手に生き残る道はない。

曲輪の周囲をこの障子堀、畝堀で囲み、これを遮断線として攻め手の移動を停止させたところで銃撃というのが、この城の防御パターンだ。長い塁壁は鉄砲による陣地防御に適し、東海道に沿った岱崎出丸からの射撃は、攻城側にとって攻撃位置への移動だけでも大きな出血を強いることが予想される。

また、重要な防御点は火線が集中するように曲輪が配され、さらには一点を責めるときには、他の曲輪からの出撃部隊に側面や背後を脅かされる可能性があり、簡単に攻略できる城ではなかったと考えられる。

現在は、建物が復元されていないためあまり実感できないが、各所に櫓《やぐら》が立てられていたことを考えると、その立体的な射撃は、攻め手にはかなりの脅威であったはずである。

この堅牢な山中城が箱根峠への進出を阻み、そのさらに北方、足柄峠《あしがらとおげ》からの小田原方向への進出は足柄城で阻むというのが、小田原北条家の防御構想だった。これらの支城で豊臣軍を阻み、さらには出血させ、各根城で籠城を続けることで上方からの長途遠征軍を疲弊させ、タイミングを見て小田原の本軍で攻勢に転ずる――。

では豊臣軍は、この防御に優れた城をどう攻撃したのだろうか。

答えは簡単だ。圧倒的な兵力で押しつぶしたのである。一点を攻撃しているときに、他の曲輪から出撃し、側面、または背面を攻めるという構想は、同時に大兵力であらゆる面に攻撃をかけるという力技で無力化した。豊臣軍は、北条氏勝以下四千が籠もる山中城攻めに、兵力三万五千を用意した。

豊臣秀次を大将とし、秀吉股肱《ここう》の臣ともいえる一柳直末《ひとつやなぎなおすえ》、中村一氏《なかむらかずうじ》を先鋒に、大手と岱崎出丸とを同時に攻める。しかし、さすがに北条勢も士気が高く、一柳直末を討ちとるなど、戦いは混乱の中で進むことになる。秀吉軍が大手方面、岱崎出丸を攻め、一時的に膠《こう》着《ちゃく》してしまうと、北方より徳川勢が攻めかかる。豊臣勢三万五千だけで手一杯の山中城に、徳川勢三万が襲いかかり、城兵の逆襲拠点となる西の丸が奪われ、勝敗は決してしまった。氏勝が脱出に成功しているが、最高指揮官の戦場脱出は、城兵の士気を大いに削いだはずで、それ以降の抵抗は非常に短い時間で停止されている。

小田原北条氏が、その主城たる小田原を守るために構築した守りの要の城は、ほんの数時間、豊臣軍の進行を遅らせただけであった。戦国時代、最も高度に発達した山城も、圧倒的物量で攻め立てる、豊臣型の戦争には無力であった。

なお、現地に行くと、国道1号線がこの城を貫通しているのが気になるはずである。これを遺跡破壊などと勘違いしてはならない。そもそもが東海道を取り込む形の城なのだ。国道1号線が東海道をベースとしている以上、これが、この城のもともとの姿であるのだ。

駿《すん》府《ぷ》城《じょう》

静岡県静岡市

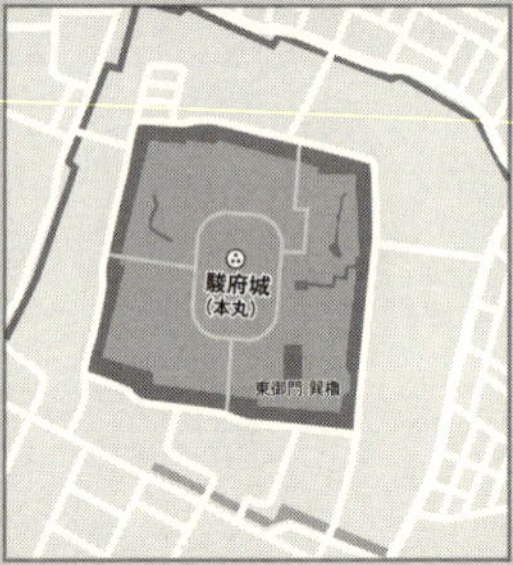

所在地

静岡県静岡市葵区駿府城公園1-1

城DATA

築城年	**1585年**
別名	**府中城、静岡城**
城郭構造	**輪郭式平城**
天守構造	**不明（1589年築）、慶長1期（1607年再）、慶長2期（7階・1610年再）**
築城主	**徳川家康**
主な改修者	**徳川家康**
主な城主	**徳川氏、中村氏、内藤氏（松平氏）**
廃城年	**1869年**
遺構	**石垣、堀**
指定文化財	**なし**
再建造物	**櫓、門**

MEMO

外堀は江戸期の姿を残している。中堀・外堀外縁の石垣・土塁は積み直されている箇所が多いが、天下普請を物語る刻印を確認することができる。

家康が本気でつくった豪勢な隠居城

駿府といえば、徳川家康の育った地として有名だ。また同時に、家康が江戸幕府をたてるときに隠居の地として選んだのがこの駿府城でもあった。

そのため、ここには江戸の文化が凝集しているということは意外と知られていない。家康は、天下人となったあと、幼きときに人質としてすごした駿府で隠居生活を送ることについてこう述べている。

「小さいときにここに住んでいたため、ここは故郷のように感じられる。忘れられない。(中略)北に富士山が見えて、その両側に山が連なっている。老いた身を養うには、冬は暖かいので最も都合がいいのだ」

通常、人質生活はつらく苦しいものであるが、家康にはよい思い出の地となっていたようだ。よほど、今川家がよい扱いをしていたものであろう。しかし、その今川家を見限っているのだから、家康という男はどうにも食えないのである。

駿府城の天守は、実は三度も建造されている。天正期（一五七三～一五九三年）に建てられた天正期天守、慶長十二(一六〇七)年に建てられた慶長一期天守、慶長十五(一六一〇)

年に建てられた慶長二期天守である。天正期天守は小天守があっただけとされている。

縄張の形から推測すると、連立式天守であった可能性が高い。また、この城の資料は出土した金箔瓦のみであるが、これは江戸に移った家康が豊臣系の城に影響を受けていたためである可能性が高い。

慶長一期天守はすぐに焼失したが、江戸期であったため資料がいくつか残り、後期望楼型の天守であったことがわかっている。

「駿府築城図屏風」を見ると、七層廻縁望楼型で複雑な屋根構成をしていて、また家康好みの御殿づくりに見られる真壁仕様であった。二層目の腰屋根の下の一層には大破風が見える。しかしながら梁の間の距離を考えると、実際は屋根の下から大きくはみ出し、比翼入母屋の風情であったと推測される。類似の城としては、熊本城天守があげられる。四層は大入母屋の趣があるが、類似構成として見られるのは彦根城天守のようなものではないかと思われる。そして最上階であるが、回縁がつけられているので、望楼型の天守の典型であったと考えられている。しかし、この構造は天下人の天守にのみ見られる構造であり、ここからも家康の普請であったことがうかがえる。

慶長第一期天守はすぐに焼失し、翌年から第二期天守が建てられた。すぐに火災で焼失したという事実を重く見た幕府は、耐火性の観点から縄張をもう一度見直し、威信をかけて再建築に乗り出した。そうして見直された第二期天守は、通常天守台として利用される石塁に建つ構造ではなく、四方に櫓を配し中央に天守を置くという極めて特殊な構造となっていた。他に例を見ない構造であるので、なかなか分類はしづらいが、あえていうなら和歌山城天守、慶長期江戸城、姫路城天守に見られる連立式天守と呼べるだろう。しかし一般的な連立式天守は天守・小天守を渡櫓で繋いだものを呼ぶ。

なぜこのような特殊な形状をとったのだろうか。理由として考えられるのは、まず天下人として恥じない建築物にする必要があるということ。本丸建築に際して、おそらく家康は天下人としての意匠を意識したと考えられる。彼の脳裏に去来したのは、古くから続く宮廷文化をとり入れた、武家文化の醸成であろう。天守には古典的な武家政権のデザインを求め、安土城から続く伝統的なデザインを踏襲した。

そして耐火性の観点から、焼失した天守のあった天守台周囲に石塁を追加し、そこに櫓を置くという構造をとったのだろう。この家康の天下人としての美意識と、実務的な部分が合わさり、駿府城天守はこのような特殊な形状となったと思われる。美麗かつ行政府のある城として実用的なその構造は、江戸を長く支える徳川のイデオロギーを色濃く反映しているといえる。だが、この天守も一六三五年に火災により失われ、その後は再建されることはなかった。

駿府城の築城に際しては家康はこれを天下普請とし、中部地方から豊臣に縁のある大名（池田輝政《いけだてるまさ》、池田長吉《いけだながよし》、加藤嘉明《かとうよしあきら》、古田重治《ふるたしげはる》、毛利高政《もうりたかまさ》、黒田長政《くろだながまさ》、鍋島勝茂《なべしまかつしげ》、毛利秀就《もうりひでなり》など）に助役とし普請に参加させた。彼らにはこの後も名古屋城築城が待っていたし、これ以前にも彦根、膳所、二条、伏見、江戸の天下普請にかり出されている。これは、当然ながら、彼らの財力を消耗させるという狙いによる。

徳川家の豊臣に対する敵愾心ともとれる執着は凄まじく、この執着が太平の世をこれらの城郭とともにつくったのかもしれない。

家康は一六一六年に駿府城本丸にて没し、久能山《くのうざん》に葬られたのち、日光に移され東照宮に祀られた。家康は生前より「久能山は駿府の本丸である」とその重要性を説いていた。そのためこの地に東照宮が建てられ祀られた。

久能山東照宮は二代目将軍秀忠により一年七カ月という短期間で建立された。ここに家康は祀られていたが、三代将軍家光のときに御霊の一部を日光に移した。この久能山総門番として任ぜられたのは、交代寄合の榊原家宗家であり、彼らはまた社殿などの管理も行なった。本殿までは千百段余の石段を登るが、その途中から駿河湾が一望でき、その美しさは比類がない。

幼少期の家康がこの風景を眺め、それを覚えていた晩年の家康が「眠るならこの光景を眺めて眠りたい」と思うことは自然なことであるように思える。人質として始まった家康の人生であったが、最後、苦労の果て、ついに天下を取った男は、実はひたすらに平穏を愛する男であったのかも知れない。

名古屋城《なごやじょう》

愛知県名古屋市

所在地

愛知県名古屋市中区本丸1-1

城DATA

築城年	1609年
別名	金鯱城、金城、柳城、亀屋城、蓬左城
城郭構造	梯郭式平城
天守構造	連結式層塔型5層5階地下1階 1612年築（非現存）、1959年復元
築城主	徳川家康
主な城主	尾張徳川家
廃城年	1871年
遺構	櫓3棟・門3棟、庭園、石垣、堀
指定文化財	国の重要文化財（櫓3棟、門3棟）
再建造物	大小天守、正門、御殿玄関、表書院

MEMO

太平洋戦争中の米軍の空襲により大小天守を含むほとんどを焼失。現在残る尾張藩時代の建物は、本丸辰巳隅櫓、本丸未申隅櫓などの6棟のみ。

二十名の大名を動員して築かれた天下の名城

「伊勢は津で持つ、津は伊勢で持つ、尾張名古屋は城で持つ」と、伊勢音頭《いせおんど》に歌われている名古屋城。大坂城、熊本城とともに日本三大名城としても名高いこの城は、その規模といい美しさといい、みごとの一語である。戦火で失われた天守閣は近代的な復元天守として再建され、名古屋のシンボルとして、その美しい姿を誇っている。

名古屋城の前身は、かつて名古屋城の二の丸あたりに建っていたといわれる那古屋城である。那古屋城は今川氏が築いた城であったが、一五三八年ごろに織田信長の父信秀が今川氏豊《うじとよ》から奪い取っている。そのため信長が少年時代をすごしたのも、那古屋城である。やがて家督を継いだ信長は一五五五年に清洲城に移ると、那古屋城には信長の叔父信光が城主となる。その後は林秀貞《はやしひでさだ》が居城としたが、秀貞が信長から、昔の謀反の罪を問われて追放となったことで一五八二年ごろに廃城となっている。

信長の死後、この地に目をつけたのが徳川家康である。江戸幕府を開いた家康は名実ともに武家社会の頂点に立ったが、いまだ豊臣方の反攻の気配は消えていなかった。そこで一六〇九年、家康は那古屋城の跡地に新たな城の建設を命じた。古来より東西の勢力が激突してきたこの地に城を築くことで、豊臣氏に縁深い大名の牽制を図ったのである。

築城を命じられたのは加藤清正《かとうきよまさ》、福島正則《ふくしままさのり》、前田利光《まえだとしみつ》、黒田長政ら、豊臣家ゆかりの大名を中心とした西国の二十の大名である。これは江戸城、駿府城に続く大工事で、翌一六一〇年に着工した。西国の大名を中心に築城を命じたのは、豊臣ゆかりの者たちに経済的負担を与えて力を奪うためである。

名古屋城の初代城主は着工当時まだ幼かった家康の九男、義直《よしなお》である。そのため一説によると築城を命じられた福島正則は、「家康の城ならまだしも、これは小倅《こぜがれ》の城ではないか」と不平をもらし、それを聞いた加藤清正に「それが不満なら、国許に帰って謀反を起こすか?」とたしなめられたという。築城を命じられた西国大名たちの不満を今に伝えるエピソードである。

家康が西国大名に築城を命じたもう一つの理由として、彼らの優れた築城技術に頼らざるを得ない側面もあったといわれている。中でも清正の築城技術は突出していたといわれ、清正自身もまた、本来よりも負担が増えるのを覚悟の上で天守台石垣を単独で築くことを申し出ている。この行動を家康への追従だと非難する声もあるが、清正の真意のほどは定かではない。なんにせよ、清正の築城技術が自他ともに認められていたことだけは間違いないだろう。その自負にたがわず、清正はみごと三カ月で石垣を積み上げている。

ちなみに名古屋城本丸東門の石垣には「清正石」と呼ばれる幅六メートル、高さ二メートルの巨石が使用されている。この巨石を清正が運んだという逸話から付けられた名前だが、この部分の工事を担当したのは黒田長政なので伝承は誤りである。

一六一六年に名古屋城が完成すると義直が清洲城から移り住み、清洲城下の町人や神社仏閣も名古屋城下への移住、移転を強制された。俗にいう「清洲越し」である。

名古屋城本丸天守は五重五階の層塔型で、屋根瓦や破風板には銅がふんだんに使用されていた。また外壁を総塗籠にして室内を厚く囲んだことで、屋根、壁ともに高い耐火性を誇っていたという。とはいえその耐火設備も近代兵器には抗しきれず、一九四五年に空襲によって焼失、いくつかの櫓と門のみが残された。名古屋城といえば金の鯱《しゃちほこ》で有名であったが、この鯱も空襲で焼失している。ちなみに高さ約二・五メートルの鯱の製作には慶長大判千九百四十五枚が使用されていたという。

現在、我々が目にできる天守は一九五九年に鉄筋コンクリートづくりで復元されたものである。外観は焼失前の原型通りに設計されているので、かつての名城の姿を今に伝えている。戦災に焼けることなく残った施設としては、西南の隅櫓や清洲櫓などがある。清洲櫓はその名の通り、清洲城の小天守を移築したものと伝えられている。また巨石群の石垣は、築城当時と変わらぬ迫力を誇っている。

犬《いぬ》山《やま》城《じょう》

愛知県犬山市

所在地

愛知県犬山市大字犬山字北古券65-2

城DATA

築城年	**1532年**
別名	**白帝城**
城郭構造	**平山城**
天守構造	**複合式望楼型3重4階地下2階（1620年改）**
築城主	**織田信康**
主な改修者	**小笠原氏、平岩氏**
主な城主	**石川氏、平岩氏、成瀬氏、織田氏**
廃城年	**1871年**
遺構	**現存天守、石垣、土塁**
指定文化財	**国宝（天守）**
再建造物	**櫓、門（模擬）**

MEMO

犬山城天守は、解体修理と古文献などにより、下の2重2階の主屋が1537（天文6）年、もしくは1601（慶長6）年に建てられ、1620（元和6）年ごろに3、4階を増築されたと見られている。

江戸から現代まで続いた成瀬家の所有

木曽川越しに見る犬山城は、格別の趣《おもむき》がある。決して豪華でも巨大でもない城なのだが、凛とした美しさ――。何より「城でござい！」という風格がある。この城を見ずに城を語るとしたら、それはお城ファンとしてはモグリだといわれても仕方がないだろう。

犬山城は荻生徂徠《おぎゅうそらい》により、李白の詩にある「朝に白帝を辞す彩雲の間……」という一節から白帝城と名づけられた美しい城である。また、国内最古の現存天守を残す城として知られ、その風格は格別である。城の下部は一五三七年に、上部構造は慶長期（一五九六～一六一五年）に建てられた天守である。経歴も面白く、一時期は成瀬家により個人所有されていた城として知られていたが、現在は財団法人の所有となっている。

天守は平屋の付櫓とともにある複合式望楼型三重四階地下二階の構造で、入母屋の上に三間×四間の三・四階が増築された構造だ。石垣は野面《のづら》積みという積まれ方で、高さは五メートルである。穴太衆の積み方に酷似している。戦国時代の建造物に見られがちな初期の石垣の構造でもある。総延面積は七百平方メートルに達し、高さも十九メートルに及ぶ。唐破風などは後に付属されたもので、年代が下るとともに改修を重ねられたということがうかがえる。

建造された年代には諸説あるが、一重目平面は出櫓付きの不等辺四角形であり、一重目、二重目が塗籠土蔵づくり、三重目が木造の御殿風のつくりとなっているさまは、天正期以前の特徴を伝え、歴史的な資料価値があるものとなっている。

＊　＊　＊

そもそも犬山城は織田信長の叔父、信康による築城だ。信康は一五三二年にもとからの木之下城を廃し、一キロメートルほど北のこの地に移転することを決めた。ただ当時の城は、場所こそ現在と同じであるが、簡易な空堀と砦のみのつくりであったと推測される。石垣も積まれていたかどうかすら定かではない。というのも、当時の城の形状は現代城郭のイメージとは異なり、かなり簡素なものであったからだ。

織田信康は移築後、城の近辺にそれまで居城としていた木之下から七商人を移した。その地はいまも七軒町と呼ばれている。

その後、信康は斎藤道三との戦で戦死して子の信清が跡を継ぐが、織田信長と対立し、攻め落とされた。このように犬山城も、戦国時代の多くの城と同じく城主がめまぐるしくかわり、関ヶ原までの間に攻城戦で落とされること三回、城主は八家を数えた。

現在確認されている縄張が完成するのは、関ヶ原の戦いのあとだといわれている。このころの城主は小笠原吉次《おがさわらよしつぐ》で、吉次の没後は平岩親吉《ひらいわちかよし》が城主となった。

北側を流れる木曽川が天然の要害となり、これに臨むように、本丸の北西方に天守がある。本丸の南に二の丸、三の丸が設けられ、周囲を外堀がぐるりとめぐる。木曽川を外堀に利用した、典型的な平山城の構造であるといえよう。

小笠原氏や平岩氏によって整備されたのは間違いないが、石川貞清《いしかわきよさだ》の存在も忘れてはならない。彼は小田原の役の際の戦功で一五九〇年に秀吉から一万二千石を拝領し、犬山城に入った。貞清は文禄の役の拠点となる肥前名護屋城の普請などにも参加し、建築についてはかなりな経験があったと思われる。後に、桂離宮の建築にも加わっているほどである。

貞清は信濃総代官として木曽の山林を預かっていたため、豊富な木曽材を用いての犬山城整備拡張は容易であったと考えられる。また、一六〇〇年に徳川家康から金山城を拝領し、退城するまでのわずか半年あまりの間に金山城をこちらに移築したといわれていた。しかし、この説は現在では否定されている。とはいえ、金山を拝領しているのは事実なので、天守にではなく他の部材などで使っている可能性は高い。

犬山城は江戸期に入り、十年もたたない間に小笠原氏、平岩氏と、まるで戦国時代のように城主がころころと代わった。平岩氏が改易し空城となると、しばらくは主なしの城となっていたが、一六一七年に尾張藩付家老の成瀬正成《なるせまさなり》が三万五千石で入る。しかし、正成は大名ではない。大名は一万石以上の禄高《ろくだか》を与えられていることと、将軍直参であることという二つの条件を満たさねばならず、正成は陪臣（家臣の家臣）であったため、大名とは認められなかった。成瀬氏は大名として独立を望んだが、御三家の反対に遭い、その願いが叶ったのは一八六八年になってからのことであった。

＊　＊　＊

成瀬家による城主世襲は、なんと現代にまで続いた。途中、明治に入り廃城令により天守以外は取り壊されたものの、濃尾大地震で天守が破損し、復興まで手が回らなくなった県が天守と城地を成瀬家に譲渡したのだ。綿々とその後所有主は成瀬家の人間が継いだが、二〇〇四年に財団法人犬山城白帝文庫の所有となり、長い成瀬家の支配はここに幕を閉じている。

近代以降もこの犬山城は老朽化や自然災害にさらされる。先述の大震災時に一部改修されたが、根本的な改修ではなく瓦の補修や補強などにとどまった。そのため伊勢湾台風の折の被害で、城は荒廃が激しくなった。根本的な改修が必要であった中、国庫補助による補修が決定し、この補修工事の際に数多くの発見があった。一つは移築説の否定である。移築の痕が天守から発見されなかったのだ。また、一層と二層が先に建てられ、その後三層と四層が増築されたという見解もこのときに唱えられた。

Part4. 近畿の城

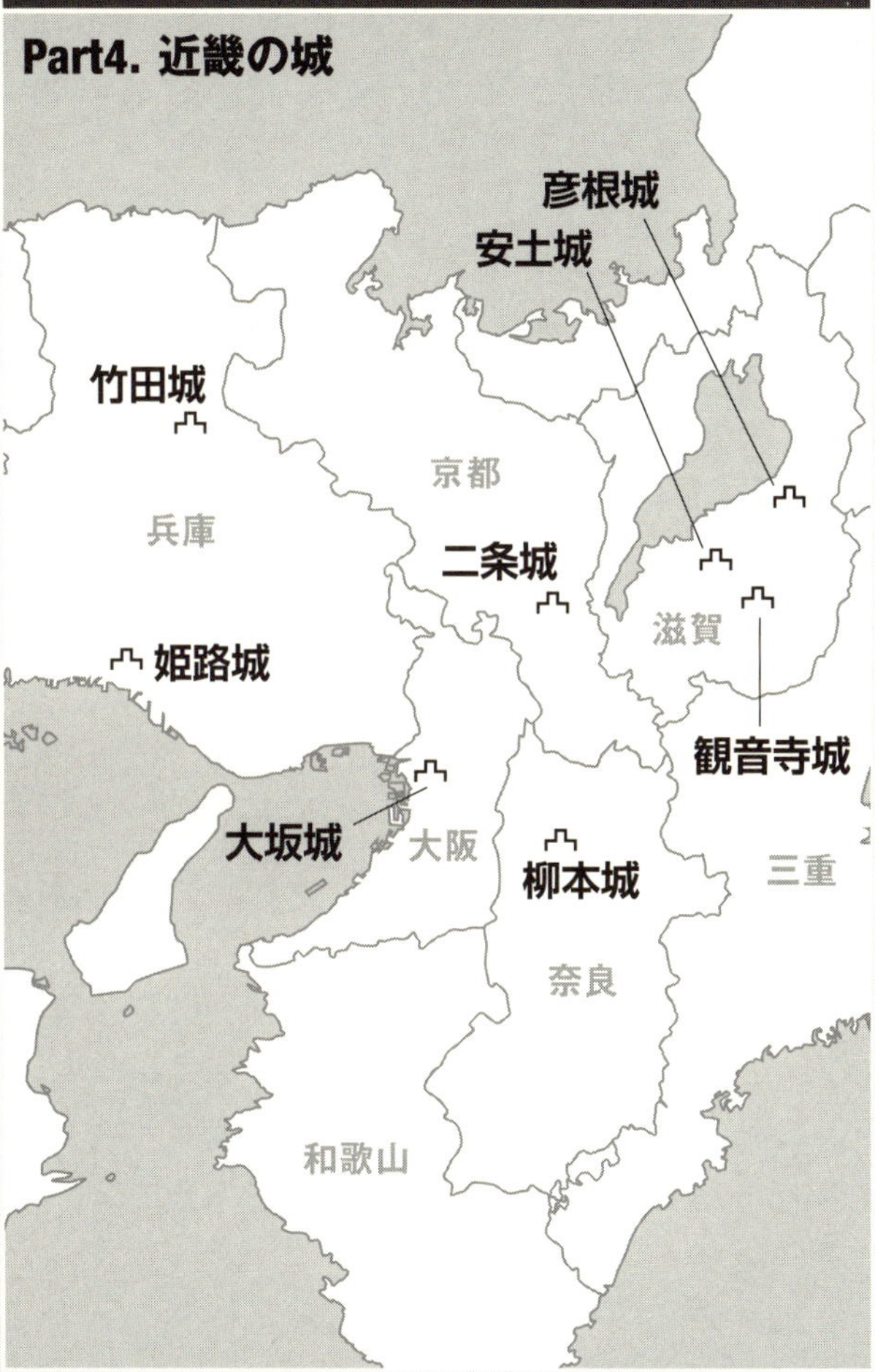

彦《ひこ》根《ね》城《じょう》

滋賀県彦根市

所在地

滋賀県彦根市金亀町1-1

城DATA

築城年	**1622年**
別名	**金亀城**
城郭構造	**連郭式平山城**
天守構造	**複合式望楼型 3重3階地下1階（1606年築）**
築城主	**井伊直継**
主な城主	**井伊氏**
廃城年	**1874年**
遺構	**現存天守、櫓、門、塀、馬屋、石垣、土塁、堀**
指定文化財	**国宝（天守など2棟）、国の重要文化財（櫓、門、馬屋など5棟）**
再建造物	**御殿**

MEMO

城の北側には玄宮園・楽々園という大名庭園が配され、これらは「玄宮楽々園」として国の名勝に指定されている。

井伊家三代で計画、移築を果たした国宝天守

彦根城は、琵琶湖東岸に面する彦根山に築かれた城である。彦根山は金亀山《こんきさん》とも呼ばれたことから、彦根城もまた金亀城という異名を持っている。

彦根藩の初代藩主は徳川四天王に数えられた井伊直政《いいなおまさ》である。直政は武田氏滅亡後に武田家家臣団を家臣に加え、山県昌景《やまがたまさかげ》の軍団「赤備え」を継承した猛将である。赤備えとは具足や旗差物などの武具を朱色で統一した部隊のことで、あえて目立つ色に身を包んで戦場を駆けたことから精鋭部隊の代名詞とされた。直政は常に先陣を切って突撃することから、小牧《こまき》・長久手《ながくて》の戦いでは敵である羽柴勢から「井伊の赤鬼」と呼ばれていたという。

関ヶ原の戦い後、武功を認められた直政は十二万石から十八万石に加増され、一六〇一年に石田三成の居城であった佐和山城《さわやまじょう》に入城した。とはいえ、この入城は一時しのぎのものであり、直政自身は磯山（米原市）での築城を計画していた。

しかし翌一六〇二年、直政は戦場での銃創が原因で没してしまう。そこで当時十三歳の息子直継《なおつぐ》が家督を相続し、築城計画を引き継いでいる。子どもであった直継を補佐して家臣たちが築城計画を練り直した結果、磯山に代わり彦根山（金亀山）に白羽の矢が立った。

東に佐和山、西に琵琶湖を臨みながらも平地に囲まれた彦根山は、防御、交通の両面から魅力的な土地だったのである。そこで、家老である木俣土佐《きまたとさ》が改めて家康に築城の許しを得て、一六〇三年に築城が開始されている。

滋賀県は古来より壬申《じんしん》の乱、姉川《あねかわ》の戦い、関ヶ原の戦いなど数々の合戦が行なわれた土地であり、家康にとっても彦根城は西国大名ににらみを利かせるための重要拠点であった。そこで家康は近隣七カ国の十二大名に築城への参加を命じると、佐和山城、安土城、小谷城、大津城など廃城となった城の建材を転用、移築させている。これは費用の削減もさることながら、少しでも早く彦根の地に拠点を設けたいという思いがあったのだと思われる。

途中、一六一四年から一六一五年の大坂の陣のために築城は中断し、また弟の直孝《なおたか》が家督を引き継ぐなどの事態はあったものの、一六二二年に彦根城は完成した。

彦根城築城にまつわる伝承に、直継の人徳を今日に伝える話がある。彦根城本丸に建つ三重三階の天守は一六〇六年に建てられたもので、大津城の五層の天守を改修、移築したもの。だが、伝承によればこの天守を移築する際、何度工事を試みてもうまく建てられなかった。やがて、難工事に疲れ果てた者たちの中からは「人柱を立てるべきではないか」という声が出始めた。そこである家臣の娘が人柱となることを申し出て、両親に別れを告げると自ら棺に入った。棺が天守台に埋められると工事は順調に進み、天守は完成した。

天守の完成から数日後。娘を失って悲嘆にくれていた家臣が直継に召し出されて登城すると、なんと人柱となったはずの娘が現れた。直継は初めから娘を犠牲にするつもりはなく、空の棺を埋めることで「人柱を立てたのだから、うまくいくはずだ」と人々に思わせたのだという。

兄の直継が病弱で優しい性格であったと伝えられる一方で、弟の直孝は猛将として知られた父の直政以上に体格に優れ、将としての風格に満ちていたという。直孝は築城現場に足しげく通い、厳しく命令を下したため、人夫らから恐れられたと伝えられる。優しい兄の直継が家臣の心を掴み、迫力ある弟の直孝があとを引き継いだ彦根城築城は、はからずもよいバランスで工事を進めることができたといえるかもしれない。

現存する天守には入母屋破風《いりもやはふ》、切妻破風《きりづまはふ》、千鳥破風、唐破風などが組み合わされ、中でも唐破風は金箔押し飾り金具付きの豪華なものである。天守や付櫓、多門櫓は国宝であり、その他の続櫓、天秤櫓、西の丸三重櫓なども重要文化財に指定されている。

ちなみに、天守が一九五七年に解体修理された際、三層目の隅木から「慶長十一年六月二日大工喜兵衛」という墨での書き込みが発見されている。彦根城の天守は大津城天守を彦根藩の大工棟梁浜野喜兵衛が移築したものだと長年言い伝えられてきたが、この発見により伝承が正しかったことが裏づけられたのだ。

安《あ》土《づち》城《じょう》

滋賀県蒲生郡

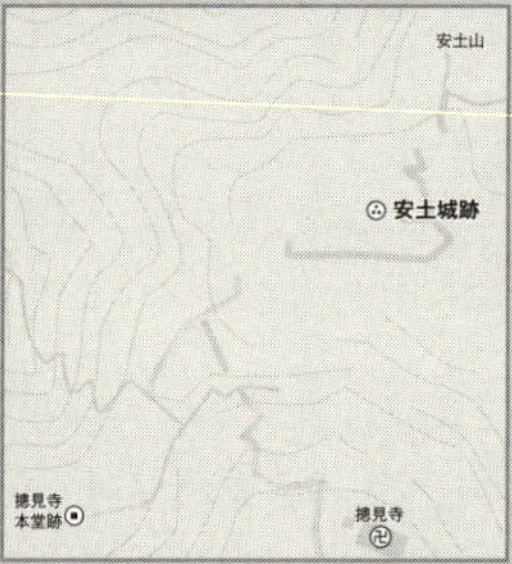

所在地

滋賀県近江八幡市安土町下豊浦

城DATA

築城年	**1576年**
城郭構造	**山城**
天守構造	**望楼型地上6階地下1階（1579年・非現存）**
築城主	**織田信長**
主な改修者	**羽柴秀吉**
主な城主	**織田氏、明智氏**
廃城年	**1584年**
遺構	**天守台、曲輪、石垣、堀**
指定文化財	**国の特別史跡**
再建造物	**一部の石垣・大手道石階段・門跡**

MEMO

安土城には武者走り・石落としがなく、大手門からの道は幅 6m と広く、約 180m も直線が続くことから、防御策の乏しく、政治的な機能を優先させて作られたものと思われている。

海を越えてその名を轟かせた幻の名城

織田信長が琵琶湖の東に位置する安土山で築城を開始したのは一五七六年のことである。当時すでに尾張、美濃、伊勢、越前、近江を手にしていた信長は、天下統一に向けての拠点を欲していた。安土城以前に居城としていた岐阜城は、新たな勢力圏の中心とするには東に寄り過ぎていたのである。

安土山の標高は百九十九メートルと決して高い山ではないが、山頂からは近江平野一帯を見渡すことが可能であった。また、近江路の要衝に位置し、琵琶湖と面することにより、陸上、水上ともに交通の便に優れた土地でもあった。築城に際しては毎日三千人が働く大工事が行なわれ、一五七九年に安土城は完成した。安土城はそれまでに類を見ない、五重六階、地下一階にして八角形の天守を備えた大城郭であった。また、天守（主）には金箔瓦が敷かれ、内部は狩野永徳による障壁画で飾られていたという。安土城址では今もなお本丸や二の丸跡近辺から金箔の施された瓦が出土することがあり、安土城の天守についての伝承を裏付けている。天守をこのように豪華な高層建築に仕上げた城は安土城が初めてであり、後の城郭に多大な影響を与えた。

七階建てといわれる天守は土蔵として使用される地階を第一階と数えた階数で、二重目は南北二十間、東西十七間の御座敷となっている。柱は布で飾られ、黒漆が塗られていたという。三重目と四重目には花鳥、鳳凰などの障壁画で飾られた座敷があり、五重目の南北には部屋が備えられていたことから「小屋の段」と呼ばれた。六重目は八角形の部屋で、外柱は朱色に塗られ、内柱には金箔が張られていたという。最上段の七重目は望楼となり、金箔が内外に施されていたという。

安土城天守の正確な姿については諸説があって結論は出ていないが、覇者の居城にふさわしい豪勢な天守であったことだけは間違いないようだ。布教のために来日したイエズス会士の報告書『耶蘇《やそ》会士日本通信（イエズス会士日本通信）』は「基督教国にもあるべしと思わざる甚だ宏壮なるもの」と、日本のみならず他国にも比するものがないと安土城天守を絶賛している。

安土城は城郭のあり方としても時代の先を走っていた。安土城以前の城は山城が中心であったのに対し、安土城は平山城である。つまり、戦時よりも平時の便を優先し、城主の権威の象徴としての性格を強めた城であったのだ。これは信長が積極的に城下町を整備したと言い伝えられていることからも明らかだ。

安土城は六角氏の観音寺城を見本に総石垣で普請された城郭だが、初めて石垣に天守の上がる城としても有名である。ここで培われた築城技術が安土桃山時代から江戸時代初期にかけて相次いで日本国中に築城された近世城郭の範となった。そして普請を手がけたとの由緒を持つ石垣職人集団「穴太衆」はその後、全国的に城の石垣普請に携わり、石垣を使った城は全国に広がっていったのである。

築城の際に城下町づくりも平行して進めるのが一般的になるのは、近世になってからのことである。安土城は時代が中世から近世へと至る過渡期にあって、いち早く近世のスタイルを確立した城だった。天下統一を視野に入れた信長の庇護《ひご》のもと、安土は都市としての充実と繁栄を約束されていたといってよいだろう。

だが、革新的な設計で注目を集めた安土城も、城主信長が没するとともにわずか三年でその運命を終えている。一五八二年の信長没後には明智光秀《あけちみつひで》の家臣明智秀光《ひでみつ》が入城したのだが、山崎の決戦後に安土城天守は焼失してしまっている。

信長の没後、たった半月後の出来事であった。ちなみに、山崎の決戦後も安土城は廃城とはならず、信長の孫である三法師《さんぼうし》が織田信雄《のぶかつ》の後見で城主となっている。安土城の象徴であった天守は焼失したものの二の丸などは無事で、城としての機能を完全には失っていなかったのである。だが長く使われることはなく、信長の死から二年後の一五八四年に廃城となった。海外にすら轟《とどろ》くほどの威容を備え、天下布武《てんかふぶ》の拠点となるはずであった名城は、完成からわずか五年で廃城のときを迎えてしまったのである。

ここで一つ不思議なことがある。実は安土には蛇石《へびいし》というかなり巨大な石があったのだが、これがどこにも見当たらないのである。『信長公記』には、「助勢一万余の人数を以って夜昼三日に上せられ候」とある。また、これは蛇石のことかは定かではないが、フロイスの日本史に特別の石を山上に引き上げるときに事故が起き、百五十人がその下敷きとなって死んだと書かれている。

さすがにこれほどの巨石であれば残っているはずなのだが、安土城跡にそのような巨石は見当たらない。秀吉の代に、意図して破壊したのか運んだのか埋めたのか、ともかく安土城の一つの謎となっている。

現在、安土城には建物は残っていないが、山上の二の丸には秀吉が信長を供養するために建てた信長廟がある。また、城の礎石や石垣は今なお残されており、安土城址全体が国の史跡として指定を受けている。また、近年は整備がかなり進められ、石垣などの修復がなされ、大変見応えのある城跡となっている。なお、安土城天守を再現したとされる建物を「安土城天主　信長の館」で見ることができる。「信長の館」は一九九二年のセビリア万国博覧会に出展された施設で、発見された安土城最上の六重目と七重目を原寸大で築いたものである。

この建物は万博終了後、安土町が譲り受けて展示している。

二〇〇五年に安土町のプロジェクトチームがイタリアのローマに渡り、「安土城之図」と伝わる屏風絵を探したが発見には至っていない。ルイス・フロイス『日本史』や太田牛一『安土日記』などで、安土城の天守に関する記述はあり、またこれまで多くの研究家が安土城の天守復元案を発表しているが、いまだ詳細は不明のままである。城の歴史も大きく変えた信長の安土城を想像するのも、また歴史のロマンといえよう。

観《かん》音《のん》寺《じ》城《じょう》

滋賀県安土町

所在地

滋賀県近江八幡市大字石寺

城DATA

築城年	**南北朝時代**
別名	**佐々木城**
城郭構造	**山城**
天守構造	**なし(屋形二階)**
築城主	**六角氏頼**
主な改修者	**佐々木六角氏**
主な城主	**佐々木六角氏**
廃城年	**1568年**
遺構	**本丸、二の丸、曲輪、土塁、石垣、堀、門跡等多数**
指定文化財	**国の史跡**
再建造物	**なし**

MEMO

安土城以前の中世城郭では特異な総石垣で、天文年間には城下町・石寺も置かれ、楽市が行なわれていたと言われている。

日本の城の代名詞「石垣づくり」の祖となる城

歴史は勝者がつくるもの。そして敗者はただ消え去るのみ。残念ながら、どれほど優秀でも、どれほど優勢であったとしても、敗者となってしまえば過去の栄光のほとんどが失われてしまう。

戦国時代の武将を思い出してほしい。それぞれご当地の大名・武将はそれなりに知ってはいても、他の地域については、ほとんどが織田・豊臣時代の大名・武将だと思われる。それ以前、日本全国にいたはずの各地域の大名・武将は、ほとんど忘れられているというのが現実である。たとえば、大名の名を五十人あげるとしよう。ほとんどの人が、過半を尾張・美濃・近江出身の、織田と豊臣の家臣をあげていると思われる。

では、負けた側には人物はいなかったのか。また、勢力はなかったのかというと、これはそうではなく、生き残った大名・武将たちとさほど能力に違いのない優秀な連中がいたはずなのである。城も、同じようなものだ。

織田、豊臣、徳川が築いた城はたくさん残っているし、事跡としても残っている。しかし、負けた側の城で使われなかったものとなると、ほとんど誰の記憶にも残らずに消滅したかのような状態となっている。

大名・武将で最も有名なのは、織田信長と思ってほぼ間違いない。その信長が精魂込めて築き上げた安土城。実は、この安土城のすぐ近くに安土城とは比較にならないほど巨大な城があった。それが近江・六角氏の観音寺城である。

標高四百三十三メートル。繖山《きぬがさやま》の斜面には、石垣で区画された曲輪がこれでもかと並んでいる。標高百九十九メートルの安土山に倍する高さ、城域でいえば、何倍になることだろう。観音寺城は、まさに日本最大級の山城であった。

築城年代は定かではない。すでに『太平記』に北畠顕家《きたばたけあきいえ》軍に備えて六角氏頼《ろっかくうじより》が籠《こ》もったと記されているので、南北朝時代までは遡《さかのぼ》ることができる。戦国期に入ると、近江源氏の佐々木氏、後に近江国守護六角氏の居城となる。総石垣の曲輪を構築したのは、六角氏の時代と考えられている。そしてこれが石垣づくりの城の嚆矢《こうし》とされている。面白いのは街道から見える方向は石垣なのだが、そうでない場合は土塁のままという場所も少なくない。つまり、この城の石垣は装飾的意味合いが強いということになる。城主の権威のための石垣ということだ。

主に南腹の斜面に曲輪を展開し、家臣や国人領主の屋敷がここに置かれた。曲輪の数は、実はわかっていない。少なくとも千以上あると思われ、それらがほとんど石垣で囲まれていることに、大きな特徴がある。

天文年間には城下町や石寺も置かれ、信長よりも先に楽市が行なわれていた。立地としては周辺に琵琶湖や大中の湖、美濃から京都へ至る東山道、伊勢へ抜ける八風街道があり、大名の拠点としては申し分のない位置にある。

ほとんどの山城は有事の際に籠もるものとして用意され、居住は通常は麓《ふもと》の居館ということになるのだが、観音寺城は居住性の高い曲輪を用意し、家臣を含め城主まで、この山上で生活が営まれていた。そのためか、従来の防備のための施設というよりも、政治的な権威づけとしての意味合いが強いと考えられていた。しかし、時代を考えると、十分に戦闘を前提とした城ということができる。北方の尾根先端部には佐生城《さしょうじょう》、その先に和田山《わだやま》城《じょう》、東山道をはさんで箕作山城《みつくりじょう》、北には長光寺城《ちょうこうじじょう》と、周囲に支城を設置し、これらが有機的に機能するとすれば、万全の構えといえるだろう。

想定される戦闘正面は、ほぼ北側に限定されてしまう。南側の斜面が急であることと、家臣団屋敷の曲輪がそれぞれ防御設備となり、通常はこちらから攻めることはないと考えられるからだ。さらに、箕作山城、長光寺城といった支城からの出撃も予想され、観音寺城の南側は、攻め手には死地ということになる。

北方から攻める場合、攻め手は切岸と土塁による防衛線に侵攻を遮られることになる。

鉄砲がない時代であれば、山上からのつぶてや矢は絶大で、この防御線の突破はかなり難しいだろう。また、突破された場合を考えてだろうか、土塁による防衛線の内側に、二本の竪土塁が空間を仕切り、突破した敵兵の動きを制限し、かつ敵兵の制圧範囲を限定的にするように区画されている。

それぞれの家臣の屋敷が独立した曲輪として防御能力を持つとしたら、この城は小さな砦の集合体のようなものということになり、全域の制圧には相当な手間と兵力が必要になると推測できる。簡単な言葉に言い換えれば、落とすのが大変ということだ。

ただし、虎口、竪堀、畝堀といった構造はなく、織豊期の城塞に比べてしまうと、確かに防御能力は劣るだろう。しかし、時代が違うのだからこれは仕方がない。観音寺城は、その城が使われていた時代、中世においては有効な防御施設であったのだ。

一方で難点もある。それは広大すぎるということであろうか。この城に籠もる場合は、かなりの人数が必要になるが、それだけの勢力、影響力があって初めて機能するということでもあり、勢力が減退した大名にとっては、持て余してしまう大きさである。

まだ発達段階の時代の城であるため、曲輪の配置などに創意工夫が少なく、堀も土塁も単純な形であるが、ある時代までであれば、それで十分であった。

しかし、六角氏が相手としたのは、同時代で最も近代的に組織された信長の兵であり、この城で対抗できる相手ではなかった。同時に、六角氏の影響力も経済力も弱まっていた時期で、兵力もそれほどには多くはなかった。六角氏は信長の上洛を阻止するべく抗戦したが、支城である箕作山城が簡単に落とされてしまうと、本城である観音寺城を放棄し、逃げ去ってしまった。信長は、この古い城に目もくれず廃城とし、より機能的な城を安土に築くことになる。

宇多源氏の流れの名門、近江国守護佐々木六角氏が抗戦せずに逃げ、信長が上洛。足利義昭が将軍職となり、戦国時代という一つの時代の終わりが、始まるのである。

二《に》条《じょう》城《じょう》

京都府京都市

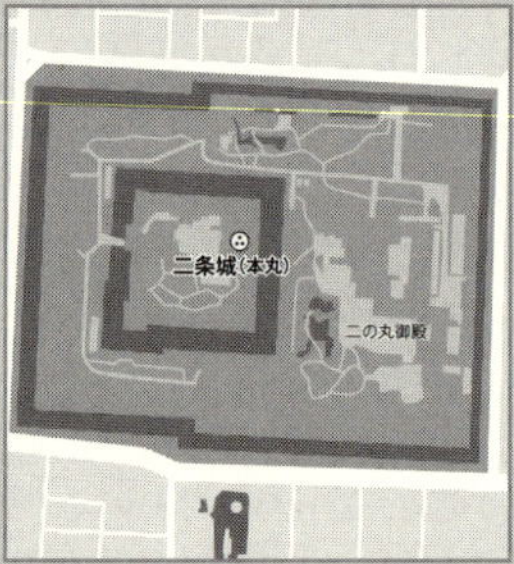

所在地

京都府京都市中京区二条城町541

城DATA

築城年	1601年
別名	旧二条離宮・元離宮二条城
城郭構造	輪郭式平城
天守構造	複合式望楼型5重5階(1603年移築)、複合式層塔型5重5階(1624年築)(ともに非現存)
築城主	徳川家康
主な城主	徳川氏
廃城年	1871年
遺構	御殿・櫓・門・番所・土蔵、石垣、堀、庭園
指定文化財	国宝(二の丸御殿6棟)、国の重要文化財(建造物22棟、二の丸御殿障壁画)など

MEMO

二の丸御殿 6 棟（遠侍及び車寄、式台、大広間、蘇鉄之間、黒書院、白書院）は、1952（昭和 27）年に国宝に指定された。

信長、秀吉、家康の三人の覇者が建てた城

修学旅行や海外からの観光客で、通年の賑わいを見せている京都。彼らがまず見学に訪れる場所といえば、清水寺に金閣寺、龍安寺といったところであろうか。そしてなにより二条城。観光バスの受け入れ態勢の整っている二条城には、ことのほか団体客の姿が目立つ。

さて、そんな二条城だが、現在、私たちが目にすることができる二条城は、一六〇三年に徳川家康が改修、築城したものである。実は二条城は、戦国時代に四つも建てられているのだ。

まずは十三代足利将軍、足利義輝《あしかがよしてる》の御所としての二条城がある。名称としては武衛陣と呼ばれていたので、正式には二条城ではない。この建物は、義輝が松永久秀《まつながひさひで》と三好三人衆に襲撃され殺害されたときに焼失してしまった。畳に名刀を無数に突きたて、剣術使いとして名高い義輝が、刃こぼれするたびにこれを交換して戦ったという伝説の場所がここだが、実はこちらは二条通にはなく烏丸丸太町、聖アグネス教会あたりがその場所である。

その後、同じ場所に織田信長が足利義昭の居城として二条御所を築いた。一五六八年に信長は義昭を奉じて京都入りした。義昭は当初、日蓮宗の総本山として今も残る本圀寺《ほんこくじ》に

住んでいたが、敵勢力からの攻撃を警戒して城を築いたのである。しかし信長との関係悪化により、義昭は一五七三年に追放され、二条御所も解体されてしまったようだ。

信長にとっても京に宿舎は必要であったようで、一五七六年に改めて二条通と室町通の交差するあたり、旧二条関白邸の跡地に城を築いた。現在の場所でいえば烏丸御池あたりになるが、こちらは二条御新造、または二条殿と呼ばれている。後に信長は誠仁親王にこれを譲ってしまい、本能寺の変の折には、信長の嫡男・信忠がここに籠もって戦っている。

信長が没したあとの一五八三年、今度は秀吉が二条御新造の東、三百メートルほどの地に城を築いている。妙顕寺《みょうけんじ》跡に建てているので妙顕寺城と呼ばれているが、こちらも二条城とも呼ばれていた。現在、古城町と呼ばれているあたりがその場所だが、地名にわずかに名残があるだけで、遺構はまったく残されてはいない。秀吉が聚楽第《じゅらくだい》を築くまでの間、秀吉の京都での拠点だったのだが、聚楽第の完成後は記録から姿を消してしまう。

秀吉が没し徳川家康が天下人となったあと、妙顕寺城の東二百メートルほどの場所で、いよいよ現在の二条城が建てられることになる。こちらは家康の宿所として利用するためのもので、一六〇一年から改修と築城が開始されている。この工事は四千～五千軒もの町屋を立ち退かせて行なわれた大規模なものだったという。

一六〇三年に征夷大将軍に任ぜられた際、家康は二条城に家臣や公家を招いて祝宴を開いたという。二条城の完成時期は定かではないが、この祝宴のときには御殿などはほぼ完成していたとみて間違いないだろう。その後も工事は続き、一六〇五年には天守取付櫓や小天守がつくられ、一六〇六年にはすべての設備が完成した。ただし一六一九年、秀忠の娘の和子が後水尾《ごみずのお》天皇に入内する際には、その宿舎として女御御殿が築かれている。この女御御殿は伏見城の建物を移築したものであった。

二条城は一六二四年、家光の代に修復と増築が行なわれている。後水尾天皇の行幸を迎えるにあたり、それにふさわしい大規模な拡張を実行したのである。行幸に際しては秀忠と家光も上洛して後水尾天皇を迎えている。天皇家と徳川家との縁戚関係を強く印象づけるためのこの行幸は、人々の心に深く刻まれたらしい。後世の「洛中洛外図屏風」の多くに「寛永行幸列」が描かれていることからも、このときの行列の印象の強さがうかがえる。

二条城拡張の前年には、家康、秀忠、家光と三代にわたって使用されてきた伏見城が廃城となっている。それまで二条城はあくまで祝宴会場や京都での宿舎として利用されてきたが、伏見城の廃城により政を行なう城としての機能も兼任するようになったのである。

行幸に際しての拡張が行なわれる以前は、二条城の範囲は南北約四百メートル、東西約三百五十メートルで、現在の約三分の二の広さであった。一六二四年の増築と拡張により二条城は西に広がり、現在の広さとなったのである。この拡張の際には本丸も新たに築かれている。この本丸の南西には伏見城から移築した五重の層塔型天守が置かれ、北西に三重櫓、北東と南東には二重櫓が置かれた。これらの櫓は多聞櫓でつながれていた。多聞櫓とは長屋状の櫓であり、本丸などの重要施設を囲むように建てられることが多かった。二の丸は本丸より約四メートル低い位置にあり、四隅に二重櫓が建てられた。

二条城の出入口としては東大手門、北大手門、西門の三カ所がつくられていた。正門である東大手門は創建当時には櫓門であったが、後水尾天皇の行幸を迎える際、天皇を見下ろさないよう小さな屋根を乗せただけの高麗門につくり変えられた。現在の櫓門に修復されたのは一六六二年である。また、二条城には現在では南門もあるが、これは大正天皇即位の際に追加された門である。

面白いのは、二条城は戦闘用にはつくられていないということだ。壁に鉄砲を撃ったり矢を射るための穴や挟間がない。これは籠城して戦うつもりが一切ないということを証明している。単に、将軍家の威光を知らしめ、かつ宿としての機能のみが求められているのである。城でありながら戦闘用ではないという矛盾ある贅沢な構造は、二条城特有のものといえるだろう。

信長、秀吉、家康と三人の覇者がそれぞれ建てた二条城だが、一六三四年に家光が上洛したのを最後に将軍が使用することはなくなり、城内は荒れ果てていた。約二百三十年後の一八六三年になって、ときの将軍・家茂が入城することとなり整備が進められたが、財政的な都合により本丸に仮御殿を建てることで間に合わせられた。以後、四年後の一八六七年に最後の将軍・慶喜が大政奉還上表を提出するまで政の拠点として使用されたが、慶喜の退去とともに二条城は徳川家の城としての役割を終えている。

現在、二条城は世界文化遺産に「古都京都の文化財」の一つとして加えられ、二の丸御殿は国宝に指定されている。だが残念ながら天守は一七五〇年に落雷で焼失、本丸の御殿や櫓も一七八八年の大火で焼失したまま再建されず、創建当時の姿は残されていない。

大坂城《おおさかじょう》

大阪府大阪市

所在地	
大阪府大阪市中央区大阪城1-1	

城DATA

築城年	1583年
別名	金城、錦城
城郭構造	輪郭式平城または平山城
天守構造	独立式望楼型5重8階(1931年復興)
築城主	豊臣秀吉
主な改修者	徳川秀忠
主な城主	豊臣氏、奥平氏、徳川氏
廃城年	1868年
遺構	櫓、門、石垣、堀
指定文化財	国の重要文化財(櫓・門など)、登録有形文化財(再建天守)
再建造物	天守

MEMO

建物遺構としては、城内の大手門、焔硝蔵、多聞櫓、千貫櫓、乾櫓、一番櫓、六番櫓、金蔵、金明水井戸屋形などで、国の重要文化財に指定されている。

地上と地中に存在する二つの大坂城

大坂城ほど歴史好きの心を震わせる城はないだろう。天下人秀吉の権力の象徴として燦《さん》然《ぜん》と輝いていた時代があり、秀吉の死後、徳川家康によって大坂冬の陣・夏の陣で豊臣家が滅ぼされてしまう悲劇の時代とを同時にこの城は持っている。もっとも現在の大阪城は徳川時代に再建されたもので、さらに天守は現代建築によるコンクリート製のエレベーター完備の建物で、ロマンとは少しばかりほど遠いのではあるが。しかし、江戸再建時代の石垣のみごとさや、全体の気宇壮大《きうそうだい》さは十分に見応えのあるものであり、一見の価値はあるといえるだろう。

本能寺の変によって織田信長の野望が潰《つい》えたあと、天下統一という大きな目的を引き継いだのが豊臣秀吉である。秀吉の天下統一事業が進む中、本拠として選ばれたのはかつて石山本願寺が建っていた石山であった。石山本願寺は「石山の城」とも呼ばれた城構えの坊舎で、長年にわたり信長に抵抗していた勢力であった。石山本願寺は一五七〇年から一五八〇年まで信長を相手に抵抗を続けていたが、正親町《おおぎまち》天皇の仲介により和睦を結び、本願寺は紀伊に移っている。

信長が石山を欲したのも、この地に城を築くためであった。石山は京都、奈良、堺などの大都市に近く、特に京都とは淀川の水上交通でも結ばれていたため、城を築くには格好の土地だったのである。だが、堅牢な石山本願寺や雑賀《さいが》の鉄砲集団などによる抵抗は意外に手強く、本願寺を明け渡させるために十年もの時を使ってしまった。信長が石山を手に入れた年の二年後には本能寺の変が起き、信長はこの地に城を築くことは叶わなかったのである。

信長の夢を引き継ぐかのように、秀吉が石山の地での築城を開始したのが一五八三年である。この大坂城築城は日に二万〜三万人もの工事関係者が動員される大規模なもので、二年後にはほぼ完成していたという。この時点での大坂城は石山本願寺の構造を生かしたつくりで、堀や石垣によって細かく区画が分かれていた。これらの堀や石垣をならし、広い平地が確保されたのは大坂城が徳川家の城になってからのことである。

秀吉が築いた天守は外観五重の七階建てで、居住用ではなく主に武具や宝物などの蔵として使用されていたという。大坂城は瓦にまで金銀細工が施されているばかりか、天守内部から秀吉の寝所、果ては女中部屋まで豪華に飾り立てられていたという。天下を平定した者にふさわしいこの居城は秀吉にとっても自慢だったようで、来客時には自ら率先して内部を案内したと伝えられている。

だが、一五九八年に秀吉が没して、幼少の秀頼とその母、淀君のみが残されると、豊臣政権はたちまち揺らぎ始める。関ヶ原の戦いが家康の勝利に終わると、豊臣家はいよいよ追い詰められた。大坂冬の陣である。それでも堅牢な大坂城は徳川勢の攻撃を耐え抜いたが、大坂冬の陣のあと、講和の条件として外堀のみならず、二の丸や三の丸などの内堀までが埋め立てられ、裸同然となってしまう。裸城となった大坂城に、もはや徳川勢の攻撃を耐える力はなく、続く大坂夏の陣によって豊臣家は滅亡に追い込まれてしまうのである。

秀頼亡きあと大坂城の城主となったのは、家康の孫の松平忠明《まつだいらただあき》である。大坂夏の陣によってすでに焼失していたため、忠明は大坂城の再建にあたった。そして忠明が一六一九年に大和郡山藩に移封となると、大坂城は幕府直轄の城として整備が続行された。

この大坂城整備工事は三期に分けて行なわれ、第一期工事では四十七の大名、第二期工事では五十八の大名、第三期工事も五十七の大名が動員される大規模なものであった。

徳川の大坂城は豊臣氏の大坂城の石垣と堀を破却して、天下普請を行ない、藤堂高虎を総責任者とした。天守など建物も構造を踏襲せずに独自のものに造り替えることになった。

天守の建物は独立式層塔型五重五階地下一階で、江戸城天守（初代）を細身にしたような外観があり、白漆喰塗籠の壁面だった。最上重屋根は銅瓦（銅板で造られた本瓦型の金属瓦）葺で、以下は本瓦葺だったという。高さは天守台を含めて五十八メートルあったとみられている。

また石垣に用いられる石は小豆島を始めとする瀬戸内海の島々や兵庫県の六甲山の石切丁場から採石された花崗岩である。また遠くは福岡県行橋市沓尾からも採石された。これらの石には大名の所有権を明示するためや作業目的など多様な目的で刻印が打刻されている。中には高さ五～六メートルで最大幅十四メートルに達する巨石も数多く使われている。

一六二〇年から約九年間をかけて行なわれたこの工事により、豊臣時代の大坂城は完全に消え去った。新しい大坂城築城にあたって徳川方は数メートルの盛り土を行ない、秀吉の痕跡をすべて地中へと埋め立ててしまったためである。そのため、現在の大阪城で私たちが目にできる堀や石垣は、豊臣氏の没後、徳川氏が再建、整備したものである。この盛り土には防備を固めるという意味合いももちろんあっただろうが、時代が豊臣から徳川の天下へと移ったことを知らしめる狙いもあったのではないかと思われる。

ただし、一九三一年に鉄筋コンクリートで復元された現在の大坂城天守閣には豊臣時代の面影も見られる。この天守は大坂夏の陣図屏風に描かれた外観も参考にしているので、豊臣時代と徳川時代のデザインが混ざり合っているのである。具体的には天守四層までを江戸時代の白漆喰を元とし、五層目は豊臣時代を元として黒漆喰に金箔で虎や鶴の絵を描いている。

秀吉が自慢としていた天守は炎とともに消え、その土台も地中に眠ってしまったが、当時の絵に残された大坂城の姿が現物として再現されているのである。

ちなみに一九八四年に行なわれた大坂城本丸中央部の発掘調査により、多数の軒丸瓦（屋根の軒先を飾る瓦）や金箔押瓦が発見され、豊臣時代の豪華な天守についての記録を裏付けている。

勝者と敗者、権力を握ったものと奪われたもの、その対比と融合に歴史のロマンを感じるのも悪くはないだろう。

竹《たけ》田《だ》城《じょう》

兵庫県朝来市

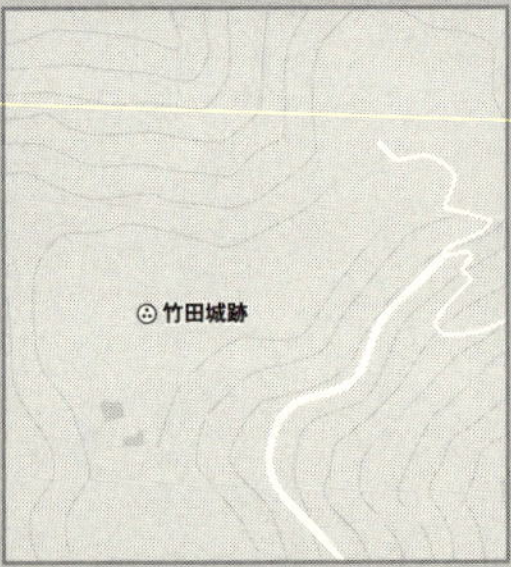

所在地

兵庫県朝来市和田山町竹田

城DATA

築城年	**1431年**
別名	**天空の城、虎臥城、安井ノ城**
城郭構造	**梯郭式山城**
天守構造	**不明**
築城主	**山名宗全(伝承)**
主な改修者	**羽柴秀長、桑山重晴、赤松広秀**
主な城主	**太田垣氏、羽柴秀長、赤松広秀**
廃城年	**1600年**
遺構	**石垣、堀、井戸など**
指定文化財	**国の指定史跡**
再建造物	**なし**

MEMO

竹田城には数多くの支城があったのではないかと言われ、周辺地域には夜久野城、向山城、諏訪城、陳東城、衣笠城、滝野城、柴城山城など多くの城跡が残っている。

「天空の城」と称される日本屈指の美城

竹田城は、規模も小さく遺構も少ない。あるのはただ石垣のみである。しかしながら、お城ファンから絶大の人気を誇っているのは、みごとな景観ゆえだ。日本百名城に竹田城が含まれるのも納得できる。

本丸から南千畳を見下ろす。南二の丸、南千畳が見え、石垣の列が白い雲の上に浮かんで見える。城好きであれば、絶対に見逃してはならない景色の一つといっても決して過言ではない。

虎が伏せているように見えることから、「虎臥城《とらふすじょう》」とも、外堀の役割を果たしている丸山川からの川霧で、まるで雲の上に浮かんでいるように見えることから「天空の城」とも呼ばれる竹田城は、その石垣の魅力で全国の城ファンにその名を知られている。またの名は「城好きの聖地」。

標高は三百五十三メートル。古城山（虎臥山）の山頂に築かれた縄張《なわばり》は、中央の天守台を要とし、本丸、二の丸、三の丸、南二の丸が連郭式に配され、北千畳と南千畳がそれぞれ南北に伸びて双翼の形となっている。天守台西方には花屋敷と呼ばれる曲輪があり、直上から見ると、三枚羽のプロペラのような形をしている。

最初に築城したのは但馬《たじま》国守護大名、山名持豊《やまなもちとよ》（宗全《そうぜん》）。出石此隅山城《このすみやまじょう》の出城として、街道が交わるこの地に、一四三一年から足かけ三年の歳月で完成させたと伝えられる。

築城当初は、土塁づくりであったようだが、羽柴長秀《はしばながひで》、桑山重晴《くわやましげはる》、赤松広秀《あかまつひろひで》と織豊時代の城主時代に総石垣になったようだ。それまでは山名四天王と呼ばれた太田垣氏が城主を務めていた。

総石垣づくりの城への改修は十三年もの長きにわたり、近在の農民は使役され、「田に松が生えた」という話が伝わっている。石垣には穴太《あのう》積み（野面積み技法）が用いられ、中世末から近世の改修であることが理解できる。食い違い虎口のシャープな美しさ、枡形が連続する大手口の豪壮さ。城が好きな人間であれば、感動の連続である。

＊　＊　＊

羽柴秀吉による一五七七年の但馬征伐により落城し、毛利氏が山名氏の応援をやめたことから秀吉の勢力圏となる。秀吉の弟・羽柴長秀が城代となり、後に秀長の武将である桑山重晴が城主として入る。さらに、桑山重晴が和歌山城に転封となると、代わって赤松広秀が城主として入る。赤松広秀は関ヶ原の戦いでは、宇喜多秀家《うきたひでいえ》の妹を正室としている関係上、西軍に属し、細川藤孝《ほそかわふじたか》の居城である丹後田辺城《たんごたなべじょう》を攻めている。しかし、西軍本隊が関ヶ原で敗北したとの報を受けると、すかさず東軍に寝返って、西軍の宮部長房《みやべながふさ》の居城・因幡鳥取城《いなばとっとりじょう》を攻める。しかし、このときに城下を焼いたことが問題となり、家康により切腹させられ、城は廃城となった。

意外に思うが、家康は裏切りを好まず、赤松広秀が西軍を裏切ったことを家康は憎んでいた。もし西軍のまま降伏し、家康にすべてを委ねていれば、少なくとも命までは取られることはなかったであろう。

秀吉が天下をとったあとの国内は山城の意味は消滅し、新規築城もほぼなくなってしまう。その直前に改修が行なわれているため、中世山城の最終形態として近世城郭のエッセンスをとり入れた形で完成し、意図せずして美しさと壮大さを備えた城となった。

現存する石垣構造の山城としては屈指の規模であり、その保存状態もよく、さらには周囲の環境が近代化されていないことから、美しさにおいてはトップクラスの城である。

姫《ひめ》路《じ》城《じょう》

兵庫県姫路市

所在地

兵庫県姫路市本町68

城DATA

築城年	1346年
別名	白鷺城
城郭構造	渦郭式平山城
天守構造	連立式望楼型5重6階地下1階
築城主	赤松貞範
主な改修者	黒田重隆・羽柴秀吉・池田輝政
主な城主	小寺氏・黒田氏・池田氏など
廃城年	1871年
遺構	現存天守・櫓・門・塀、石垣など
指定文化財	国宝(大小天守と渡櫓など8棟)、国の重要文化財(櫓・渡櫓27棟、門15棟、塀32棟)など

MEMO

2015 年 3 月に竣工した大天守保存修理工事では、大天守の白漆喰の塗り替え・瓦の葺き替え・耐震補強を重点とした補修工事が行なわれた。

織田、豊臣、徳川時代の要素を融合した日本一の名城

現在残されている姫路城は、関ヶ原の戦いで戦功をあげた池田輝政《いけだてるまさ》が拡張した姿である。池田氏は息子たちの領地も含めると百万石近くに達する一族であり、輝政は「西国将軍」とあだ名されるほどの勢力を誇っていた。

姫路城の歴史は長く、元をたどると十四世紀半ばの南北朝時代にまで行き当たる。一三四六年に赤松貞範《あかまつさだのり》が築いた城が姫路城の起源である。だが、この時点ではあまり大きな城ではなかったようだ。また、一四四一年には山名持豊《やまなもちとよ》に奪われてしまっている。

しかし一四六七年に応仁の乱が起こると赤松政則《まさのり》が姫路城を落とし、領土を取り戻した。その後は赤松氏の支族である小寺氏が城主となっている。このころの姫路城は現在よりも小規模で、現在の姫路城の西の丸あたりが中心となっていたという。ちなみに、怪談として有名な「播州皿屋敷」のお菊井戸も小寺氏時代の姫路城にあったとされる。後に小寺氏が姫路市の御着《ごちゃく》に御着城を築いて移り住むと、黒田重隆《くろだしげたか》が姫路城に城代として入城した。重隆はこのとき、姫路城が建つ姫山の東峰部分に新たな城を築いている。

ちなみに、「姫路」という名も姫山にちなんだものだという説がある。姫山にはかつて

刑部《おさかべ》親王《しんのう》の娘の富姫が祀られていたため、「富姫が祀られる姫山に向かう道」という意味から姫路という名が生まれたのだという。また、この地の城が「姫路城」と名づけられたのは後に秀吉が居城とするようになってからであり、それ以前は「姫山城」と呼ばれていた。

黒田重隆の孫、孝高《よしたか》の時代になると、織田信長は中国地方支配の先陣として豊臣秀吉を差し向けた。信長の勢力を見て取った黒田氏は秀吉を迎え入れ、後の秀吉の全国平定に助力した。この孝高こそ、軍略家として後に知られる黒田如水《じょすい》である。

秀吉のもとで働くこととなった孝高は、三木城（兵庫県三木市）での攻防や毛利氏との戦い、伊丹《いたみ》城主・荒木村重《あらきむらしげ》との戦いなどで戦功をあげ、秀吉に重用されることとなる。そして一五八〇年、三木城を本拠として中国地方を攻略するつもりであった秀吉に対して孝高が「姫路こそ陸路、海路ともに便がよく、繁栄が約束された地である」と進言し、これを聞き入れた秀吉が姫路城を譲り受けた。

秀吉は姫路城築城にあたって孝高と浅野長政《あさのながまさ》を築城奉行に命じている。孝高、長政の二名とも築城の名人として知られた人物である。この二人の力によって姫路城はみごとな姿に仕上げられたであろうことが想像できる。

そして、現在にまで残る姫路城を築いたのが前述の池田輝政である。一五四九年に家康の娘の督姫と結婚した輝政は、一六〇一年、五十二万石で姫路城城主となっている。

一六〇八年、輝政は秀吉の築いた三重天守を取り壊し、翌年に新たな天守を完成させた。西国将軍の権勢を示すかのようなみごとな天守は、山陽道を西南から上ってくる者が見たときに最も美しくなるように設計されたという。

天守台の東南隅に位置し、外観は五層の地下一階・地上六階になっている。最上階の大棟両端には、火を防ぐお守りとして大鯱瓦《しゃちがわら》が飾られている。天守は高さは約三十メートルで、地階から六階の床下までを直径二メートル近い二本の心柱で支えられている工法が用いられている。これらは当時としては珍しい工法で、西の心柱は昭和の大修理で新材に、東の心柱は地下部分だけ取り替えられたが、その他は築城当時のまま残されている。

姫路城は大天守と三つの小天守が渡櫓で連結された連立式天守が大きな特徴だが、大天守は外観も千鳥破風《ちどりはふ》・大千鳥破風・唐破風《からはふ》が組み合わされ、調和のとれた非常に美しい仕上がりも名城といわれるゆえんだろう。

姫路城は輝政の入城以前から存在した施設や建造物の多くを流用したことが記録に残されており、秀吉時代の構造を色濃く残しているのは間違いない。たとえば、城全体のデザインは軍事的要素の薄い単調な構造であるのに対し、中心部の縄張は変化に富んだ迷路のような複雑な構造となっている点などは姫路城ならではの特徴である。この中心部の複雑な構造は秀吉時代の姫路城の姿を色濃く残しているものと推測される。

城主の住む内曲輪、侍屋敷が配された中曲輪、寺院や町人、足軽などの住む外曲輪の三つの曲輪から成り立っている。また、外曲輪までの縄張りを含めて、三の丸から渦巻き状に回って二の丸、本丸に着く「左渦巻き渦郭式」と呼ばれる構造を採用しているのも大きな特徴だ。

一六一三年に輝政が没したあとは利隆が跡を継ぐものの、わずか三十三歳で病没し、息子の光政が七歳で姫路城城主となった。しかし幼少であることを理由に因幡鳥取城に移封され、あとに岡山城城主となっている。

池田家のあとには本多平八郎忠勝《ほんだへいはちろうただかつ》の息子の忠政《ただまさ》が入城し、正室や子のために西の丸に化粧櫓や長局《ながつぼね》が築かれている。その後、忠政の息子である忠刻が三十一歳の若さで没したために本多家は姫路城を離れ、奥平松平氏や越前奥平氏、榊原氏などが城主として交代した。そして一七四九年、酒井忠恭《さかいただずみ》が城主となると城主交代劇は落ち着きを見せ、酒井家は幕末まで十代にわたって姫路城城主を世襲した。最後の姫路城城主である酒井忠邦《ただくに》は明治元年に他藩に先んじて版籍奉還を申し出て慶応義塾に入り、米国へ留学したが二十六歳で没している。こうして徳川幕府の終焉とともに姫路城はその役目を終え、その後の戦災被害にも見舞われることなくその姿を今に残すこととなった。

築城から四百年経った中で、一度も戦にまみえることなく、また戦災にあうこともなかった点でもたぐいまれな城といえよう。

「白鷺《しらさぎ》城」「日本一の名城」などと称される姫路城は世界遺産にも指定され、天守をはじめ多くの建造物が当時のままの姿を残す貴重な歴史遺産として世界中の人々の目を楽しませている。

柳本城《やなぎもとじょう》

奈良県天理市

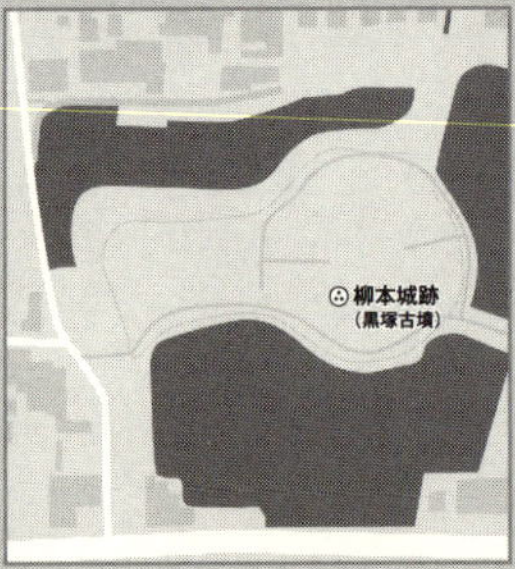

所在地

奈良県天理市柳本町

城DATA

築城年	**1624年ごろ**
別名	**柳本陣屋**
城郭構造	**陣屋**
天守構造	**なし**
築城主	**織田尚長**
主な改修者	**なし**
主な城主	**織田氏**
廃城年	**1580年**
遺構	**移築御殿**
指定文化財	**なし**
再建物	**なし**

MEMO

陣屋址は柳本小学校の敷地で、黒塚古墳の堀と石垣が残存するのみである。表向御殿は橿原神宮文華殿として移築されている。

古墳を利用して築かれたバチ当たりな城

戦国時代に最も激しい生き方をした男、松永久秀——。将軍を殺し、大仏を焼き、信長に何度も背《そむ》き、最後には茶釜に火薬を詰めての爆死。なんとも豪快な男ではないか。しかもこの人物、荒っぽいだけではない、最高レベルの教養を身につけ、茶の湯、侘《わ》び数寄《すき》の世界を極めている。信長に先駆けて城の天守を考案しているが、この天守といい、茶の湯好きといい、信長は久秀を追い続けていたようにすら感じられてならない。

その久秀はいくつかの城を建てているが、異色なのが柳本城である。なんとこの城、古墳と濠をそのまま利用しているのだ。柳本の地は、古くから興福寺の荘園となり楊本《やなぎもと》氏が庄官を務めていたが、室町時代後期に楊本氏がこの古墳を城として利用し始めたといわれている。城といっても砦レベルだったようだが、楊本氏が没落したあと、久秀がこの城を整備し、再使用したというわけだ。

はやりの再利用——エコロジーというか、これが古墳でなければ問題はない話だが……。戦国の世は人の死は日常のもので、古代人の墓であろうと、さほどに関係はなかったと見えて、実はけっこう古墳を城や砦に使うということは少なくなかったようである。

何百、何千と人を殺していて、祟りを怖がるということもなかったということなのだろう。

便利に使っていた柳本城であるが、久秀が信長に叛旗《はんき》を翻《ひるがえ》し、大和信貴山城《しぎさんじょう》に籠もって爆死すると、この城は廃城となってしまう。大和は筒井家の支配するところとなるのだが、信長は一五八〇年に大和国一城令を出し、大和では城は一つしか許されなくなってしまう。筒井順慶《つついじゅんけい》は大和郡山城《こおりやまじょう》に居を定め、柳本城は破却されてしまう。

一六一五年、織田有楽斎《ゆうらくさい》の五男、尚長《なおなが》が有楽斎より一万石を分知され大和の大名となると、一六二四年ごろより、その居城として廃城となっていた柳本城を陣屋とすべく整備し始める。黒塚古墳の濠をそのまま堀の一部に利用し、黒塚古墳本体は城の北側に取りこまれる形となった。あらたに堀を掘削し、全体に四角い平城として、その周囲を堀で囲んでいたが、現在ではちょうど半分ほどの堀が残っているのみである。

織田有楽斎の五男、織田尚長を藩主とする柳本藩は、石高が一万石と少なく家格も城主格でなかった。そのため、もともと城の構えの柳本城だったが、城と呼ばれずに「柳本陣屋」と呼ばれることになる。以来、柳本藩藩庁として機能することになる。なお、幕末には城主格となっているので、それ以降は正式には柳本城と呼ぶべきである。

現在、橿原《かしはら》市にある橿原神宮、橿原会館に御殿が現存移築されている。

さて、この城のベースとなった黒塚古墳であるが、前期（三世紀末ごろ）前方後円墳で、全長は百三十メートル。一九九七〜一九九八年の発掘調査では、三十三面の三角縁神獣鏡と、画文帯神獣鏡一面が出土したことで知られている。ほかに、鉄刀・鉄剣各ひと振り、刀剣類や鉄鏃・小札などが発掘されている。玉類や腕装飾品類は出ていないが、盗掘されている可能性が高い。

しかし、織田有楽斎は天下の信長の弟でありながら、所領三万石のみであったことが哀れでならない。有楽といえば、茶人としての名のほうが有名ではなかろうか。利休の七哲として、また有楽流の開祖として、茶の世界では第一人者の一人であることに間違いはない。だが、本能寺の変のとき、甥であり織田家の当主であった織田信忠に切腹をすすめ、自分はまんまと逃げおおせているあたりに、不人気の理由があるのだろう。京都では、こんな童歌が流行っていたという。

「織田の源吾は人ではないよ、お腹召せ召せ召させておいて、我は安土へ逃げる八源五、むつき二日に大水出て、おたの原なる名を残す」

これで歌が流行るのだから、困ったものである。

＊　＊　＊

しかし、不思議といえば不思議なのだが、業の深い茶人が、なぜかここに引き寄せられている。黒塚古墳を近代の城の一部として活用し、館として使っていた松永久秀も茶人としてはかなりうるさく、織田有楽斎とは気が合いそうな感じである。あの世で二人は茶を楽しんでいるのだろうか。

なお、有楽斎の四男も大和戒重《かいじゅう》にて一万石の大名として家名を残している。

Part5. 中国・四国の城

岡山城《おかやまじょう》

岡山県岡山市

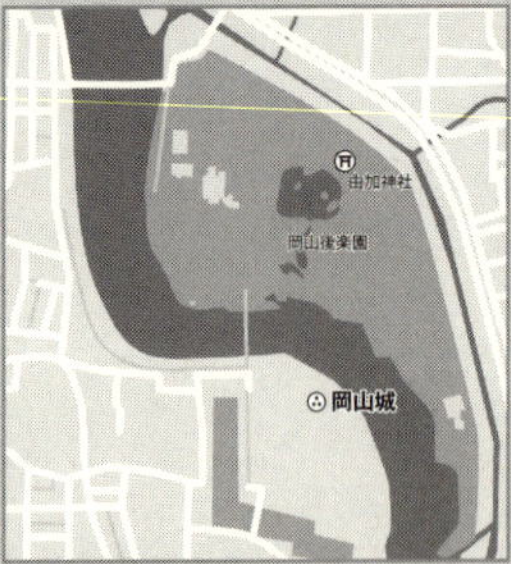

所在地

岡山県岡山市北区丸の内2-3-1

城DATA

築城年	**1346〜1369年**
別名	**烏城、金烏城**
城郭構造	**梯郭式平山城**
天守構造	**複合式望楼型4重6階(1597年築、復元・1966年)**
築城主	**上神高直**
主な改修者	**宇喜多秀家、小早川秀秋、池田忠雄**
主な城主	**宇喜多氏、小早川氏、池田氏**
廃城年	**1873年**
遺構	**櫓、石垣、堀**
指定文化財	**国の重要文化財(月見櫓など)**
再建造物	**天守・門・塀**

MEMO

現存遺構は月見櫓・西の丸西手櫓、本丸付近の石垣、内堀で、戦後に天守・不明門・廊下門・六十一雁木上門・塀の一部が再建された。

戦国武将の裏切りと謀略がうごめく黒塗りの「烏城」

岡山市内のJR岡山駅から程近い、旭川のほとりに岡山城はある。岡山駅の東側から出ている路面電車・岡電東山線「城下」電停から五分も歩くと、独特の風格のあるどっしりとした天守閣が見える。この城壁は黒く塗られているため、白塗りの姫路城の「白鷺城」と対照に、「烏城《うじょう》」とも呼ばれている。

築城当時は、金箔を施された瓦が葺かれていた。黒と金の重厚なコントラスト――。さぞや見ものであったろう。この絢爛豪華《けんらんごうか》な城そのものが、安土桃山時代の豊臣家一門の栄華を体現していたが、象徴的な天守閣は太平洋戦争の先の空襲で消失した。コンクリートにより外観復興されたあとは、名庭園である後楽園《こうらくえん》とともに一般公開されている。

戦災による消失以前の岡山城は四重六階の複合式望楼型天守を持ち、その天守の位置する本段から表向きといわれる中の段、下の段と三層に高低をつけられた城郭で構成されている。この曲輪は西側に広がり、東側は旭川の流路を変更し、郭としている。前述の三層構造は、本段を宇喜多秀家《うきたひでいえ》が、中の段の一部を小早川秀秋《こばやかわひであき》が整備した。現在見られる中の段は、その後に池田忠雄により完成したものである。下の段は内堀沿いの部分を宇喜田が、旭川沿いを池田が完成させた。

岡山城の築城年代について詳しいことはわからないが、最初に文献に登場するのは『備前軍記』である。同書によると、南北朝時代の正平年間（一三四六〜一三六九年）に名和氏一族の上神高直《うわがみたかなお》が今の岡山である石山台に築いたとされている。当時は名称も「石山城」と呼ばれていた。

その後、百年間ほどは文献史料が残っていないが、永禄年間（一五五八〜一五六九年）には宇喜多直家の家臣、金光宗高《かなみつむねたか》が在城していたことがわかっている。その後、宗高は自刃し、宇喜多直家が城主となる。宇喜多直家は謀略家として知られ、彼に貶《おとし》められた宗高は切腹に追いやられたと伝えられている。直家はその謀略によって下克上をなした、まさに戦国武将と呼ぶにふさわしい武将だ。

岡山城は直家の子・秀家の代に整備され発展し、先述の黒壁・金箔瓦の天守閣は秀家のころに完成した。時は一五九七年。まさに太閤・豊臣秀吉が天下人だった時代だ。天守閣の構造も複合式望楼型で、特に初重形状が歪んだ多角形をしているため、同様に歪んだ多角形の天守台を持つ安土城を模したと見られている。天守の華麗さ、構造、また場内の高層櫓数（全三十一棟）などを見ても、当時の城主である秀家が、豊臣政権でいかに厚遇され、権勢を誇っていたかがうかがえる。

謀略家として恐れられた直家も、死に瀕し、実の子である秀家を太閤秀吉に託した。これにより秀家は秀吉の養子として育てられ、秀吉も実の子のように秀家を育て、秀家は元服後、前田利家の娘であり秀吉の養女である豪姫を秀吉の後押しにより娶り、豊臣家との連携を強めた。

このように豊臣一門として育てられた秀家は宇喜多と名乗ることは少なく、豊臣もしくは羽柴と名乗ることが多かったようだ。秀吉も特に秀家を可愛がり、信頼もした。ちなみに、秀家が中納言であるのは、関白の子どもは参謀を経ずに中納言に昇るという宮中の慣例による。秀吉の正室である北政所《きたのまんどころ》にも可愛がられた秀家は、名実ともに豊臣家の人間となり、一時は関白へとの声もあったほどだ。

豊臣家への忠義が深かった秀家は、晩年には最高実権者である豊臣五大老の一人となる。このころ（特に岡山に天守が築かれたころ）より岡山城という呼称が使われるようになったようだ。

しかし権勢をふるった秀吉が没したあと、関ヶ原の戦いにて西軍に属した秀家は、家康により八丈島へと流刑に処された。なお、関ヶ原の戦いの首謀者は石田三成とされているが、むしろ北政所と宇喜多秀家が主導していたのではという説が最近では有力になりつつあることは、特記したい。

関ヶ原の敗戦で秀家が領地を失うと、岡山城には代わって小早川秀秋が入城する。関ヶ原の首謀者の城に、関ヶ原で裏切り、西軍を敗北させた男が入るというのだから歴史は皮肉である。いや、意図的にそのような形をとった家康が皮肉な男なのか。

岡山を預かった秀秋は、二年後に急死。精神を病んだとも、呪い死にともいわれているが、少なくとも普通の死に方でなかったのは事実のようだ。世継ぎのいなかった小早川家は断絶となる。関ヶ原の戦いのあと、最初のお家断絶が家康に勝利をもたらした小早川家であった。これが徳川という男の怖さである。

時代の変遷に飲み込まれ、さまざまな城主が入城した岡山城であるが、この後は池田氏を城主とし、江戸の終わりまで代々と平和が続いた。

天守は丘が連なる中に築城された。西に石山、北西に天神山が連なり、要害としても利用されたが、北や東に城郭がなかった。この脆弱性を取り除くために秀吉の命により宇喜多秀家が旭川の流路を変更し、堀として東側の備えとした。秀吉は岡山城を九州・中国地方への防衛拠点として考えていたようだ。

さらに江戸時代には池田綱政《つなまさ》により後楽園が造営され、庭園の形をした城郭として守りをより一層強固なものとした。この後楽園は水戸の偕楽園《かいらくえん》、金沢の兼六園《けんろくえん》とともに、日本三名園と呼ばれている。

他にも江戸時代には小早川秀秋により外堀（工期から「廿日堀《はつかぼり》」と呼ばれている）が整備され、城下町が拡大された。もとより水上交易の要衝であった岡山は、さらに経済的にも発展を遂げていく。岡山城は、時代や権力者の変遷とともに、岡山の文化や経済を育て上げた名城である。

備中松山城《びっちゅうまつやまじょう》

岡山県高梁市

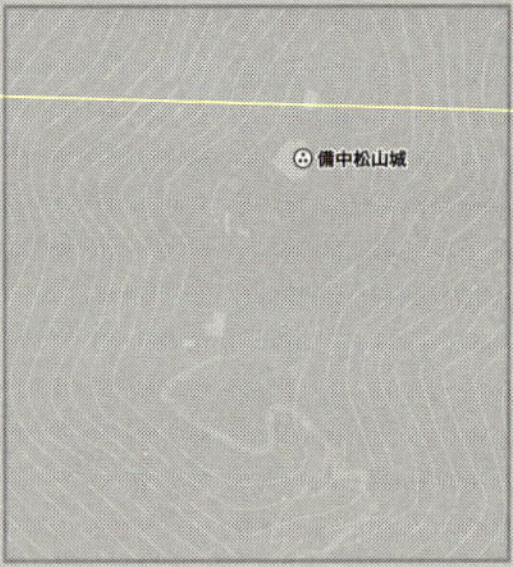

所在地

岡山県高梁市内山下

城DATA

築城年	**鎌倉時代**
別名	**高梁城**
城郭構造	**連郭式山城**
天守構造	**複合式望楼型2重2階(1681年改)**
築城主	**秋庭三郎重信**
主な改修者	**三村元親、水谷勝宗**
主な城主	**三村氏、水谷氏、板倉氏**
廃城年	**1874年**
遺構	**現存天守・櫓・塀、石垣、土塁**
指定文化財	**国の重要文化財(天守、二重櫓、土塀)、国の史跡**
再建造物	**櫓・門・塀**

MEMO

日本三大山城の一つ。標高 430 メートルの臥牛山山頂にあるため、時期や条件などが合えば雲海に浮かぶ姿が見られる。

中世期の様式美と近世式の人工美とを

備中松山城は北から、大松山・天神の丸・小松山・前山の四つの峰からなる臥牛山《がぎゅう》中に築かれた山城だ。そして、古い天守が現存している山城は、この備中松山城だけである。それ故に日本三大山城の一つに数えられている。

もっとも、太平の世には山城は不要であり、使い勝手が悪く、近代の城はほとんどが平地での平城か、山城的な面を併せ持つ平山城である。というのも、戦いで敵に囲まれての籠城を前提とする意味がないためと、平野部でなければ街が発達せず、経済的な発展が見込めないということもある。戦国時代には有用な山城も平和な時代では無用の長物となり、そのため数が少ないのである。

備中松山城の天守は築城当時のもの。往時の天守が現存するのは、合計で十二しかないため、大変貴重なものといえるだろう。ほとんどの城郭の天守は、明治維新後に取り壊されるか、第二次大戦の戦火で焼けてしまったからである。

臥牛山に城が最初に築かれたのは鎌倉時代――。相模の豪族三浦氏の一族、秋庭《あきば》三郎重《さぶろうしげ》信《のぶ》が備中国有漢郷《うかんごう》の地頭として入国した際だといわれている。彼は大松山に最初の城を築いた。

その後、上野氏、庄氏、三村氏と変遷したが、戦国時代に城主となった三村元親《みむらもとちか》により、大松山・小松山を含んだ城塞として整備された。三村元親の父である家親《いえちか》は、備中国と備前国の一部を治めていた。さらに備前国・美作国《みまさかのくに》への勢力拡大を企て、毛利氏と手を組みこれを後ろ立てとしていた。

しかし謀略家である宇喜多直家により、一五六六年に暗殺される。子である元親は直家への復讐と備前国制覇を企て二万の兵をもってこれに挑むが、わずか五千の兵力の直家に敗北。これを「明善寺合戦《みょうぜんじかっせん》」と呼ぶ。謀略家として恐れられた直家の一生で、戦らしく正攻法で勝利したのはこの一回限りであったが、彼はこの戦功により独立性や発言力を増していく。一方、敗北した元親は備中・備前での権勢が一時衰えるも、後に毛利氏の後押しで盛り返す。

しかしその後の一五七四年、毛利氏が宇喜多直家と結んだことにより、元親は毛利氏を離反し、織田信長と通じることとなった。信長にとって毛利討伐は達成せねばならない目的の一つでもあった。このころはまだ一向宗との対立や越前討伐などが目先にあった信長は、時間かせぎ程度の考えで三村氏と結んだのだろう。

しかし、この状況で信長についた元親は早計であったとしかいえないだろう。毛利氏は小早川隆景《たかかげ》の進言により三村討伐を行なう。毛利軍は守りを固めた備中松山城以外を残し、臥牛山中の他城をすべて攻略。籠城戦を強《し》いられた元親は持久戦を展開するも敗北し、その後自刃した。

その後は毛利氏の領有となった備中国だが、江戸時代に入ると小堀氏が徳川幕府の代官として入城する。その後、池田長幸《ながゆき》が入るが、二代・長常《ながつね》に嗣子がなく、池田氏は廃絶する。代わって備後福山藩主の水野勝成《みずのかつなり》が城番となる。一六四二年に水谷勝隆《みずたにかつたか》が五万石で入封し、二代藩主の勝宗《かつむね》により天守を建造するなど大改修を行ない、現在の松山城の姿となった。

二層二階の複合式望楼型天守は小規模で、大坂や江戸といった巨城と比較してしまうと櫓のようでもあるが、山中に堂々と立つ姿はなかなかに威厳があり美しい。また本来は防衛拠点と目された中世の山城であったため、直角に曲がった石段や、天守へは渡櫓から入らねばならない構造といった、実戦的な姿を現在に伝える貴重な城郭である。しかし同時に、江戸期以降の太平の世で政治を行なうには不向きであったことも事実。そのため、山麓に藩の執務を行なう御根小屋という御殿が構えられた。これにより、中世期の様式美と近世式の人工美を兼ね備えた城郭となっており、周囲の自然と同時に、松山城の歴史の変遷をうかがうことができる。

なお、戦国初期には山城を詰めの城とし、城主の居館をその麓において政務を執るというのが一つの典型的パターンだったが、ぐるりと一周して古いそのような形に落ち着いたというのも面白い。

その後、水谷氏三代にして嗣子がなかったため廃絶となり、次に「忠臣蔵」で有名な赤穂藩主・浅野長矩《あさのながのり》が受け取り、「大石内蔵助《おおいしくらのすけ》」として有名な家老の大石良雄が城主となる。次いで安藤氏、石川氏と入り、最後に五万石で板倉氏が入り、明治の世まで八代続いた。

江戸期に入っても大名が次々と代わったのにも、直接治めるべき備中国が、関ヶ原の戦い時に分割統治されていたという背景をふまえると頷《うなず》ける。小藩が多数分立し、備中国は旗本の知行地などとして利用されていたのだ。それに太平の世となった江戸に、守備型要塞としてつくられた山城は、政治経済の概念から見ても不要であったのだろう（そのため山麓に尾根小屋が建てられたのだが）。

幕末に戊辰戦争が勃発すると、幕府側の松山藩は朝敵とされ、岡山藩などの周辺の大名に討伐の命令が下された。当時、幕府側について官軍と戦っていた藩主・板倉勝静だったが、執政を預かっていた儒家・陽明学者の山田方谷《やまだほうこく》は、勝静に従って官軍と戦うよりも松山の領民を救うことを決断し、一八六八年二月十一日、無血開城した。その後、一八七三年には新政府より廃城令が公布され、御根小屋は取り壊された。

こうして備中松山城は放置され、一九四一年に国宝指定を受けるまで山上の建造物は荒廃していたという。現在は重要文化財として指定され、近年の戦国時代への人気から、観光客も多く、かなりな賑わいを見せている。

広島城《ひろしまじょう》

広島県広島市

所在地

広島県広島市中区基町21-1

城DATA

築城年	**1589年**
別名	**鯉城**
城郭構造	**輪郭式平城**
天守構造	**複合連結式望楼型5重5階（1599年、1958年・外観復元）**
築城主	**毛利輝元**
主な改修者	**福島正則**
主な城主	**毛利氏、福島氏、浅野氏**
廃城年	**1874年**
遺構	**石垣、堀**
指定文化財	**国の史跡**
再建造物	**大天守・平櫓・多聞櫓・太鼓櫓・表御門**

MEMO

城址公園域以外で確認できる遺構は、広島高等裁判所敷地内にある中堀土塁跡と、空鞘橋東詰南側の櫓台石垣のみ。復元された大天守は歴史博物館として利用されている。

豊臣政権の戦略により外観のみ絢爛豪華に

別名「鯉城《こい》」――。その名前からプロ野球で唯一の市民球団である広島カープの名はつけられた。鯉が堀に多かったからとも、鯉の縁起のよさから名づけられたのだともいわれているが、現在のところ、いずれにも確証はない。原爆によって天守閣は崩落してしまったが、その後の広島の復興とともに再建され、今では市民の憩《いこ》いの場として広島城址公園内に佇《たたず》んでいる。

広島城は、毛利輝元により一五八九年に築城された。

毛利氏はもともと中国山地の小盆地である吉田荘の一地頭だったが、輝元《てるもと》の祖父・毛利元就《もとなり》はそこから身を立て、一代にして中国、四国、九州の計百二十万石を手中に収めた。元就は居城であった吉田郡山城《よしだこおりやまじょう》の縄張を強化し、戦国時代を生き抜くための城塞を山上に築いた。しかし世は平定され、城郭は要害の役割から政治機関へとその役割を変化させた。輝元は賤ヶ岳《しずがたけ》の戦い以降、豊臣秀吉を天下人と見定めて近づき、秀吉の家臣として武勲をあげる中で、桃山文化を吸収していく。

そんな百二十万石の領地を保有する大名の居城としての役割を果たすには、吉田郡山城は交通の便はあまりにも悪く、また規模も小さかった。輝元が吉田郡山城を捨て、新たな城を夢見るのは自然なことだったのだろう。

輝元は一五八九年に城地選定を行なった。そして白羽の矢が立ったのは、当時はまだ五箇村と呼ばれていた半農半漁の寒村だった。そこが現在の広島である。

築城にあたっては、豊臣家から黒田孝高《くろだよしたか》が相談役として派遣された。

豊臣政権には、京より西の守りに関心が強かったのか、広島城だけではなく岡山城などの中国地方の築城や整備に多大な援助を行なっている。明・朝鮮を攻めることで、その反撃を恐れたとの説もあるが、定かではない。

守りの要害としてだけではなく、朝鮮出兵の際にも広島城は出兵拠点として使用されている。これらから推測すると広島城は毛利の城でもあったが、豊臣政権の中の主要城塞の一つでもあったといえる。

築城事業は、太田川河口のデルタ地での普請となったため困難を極めたが、豊臣家の重臣であり、中国地方の雄である毛利家の威信をかけた大事業である、さまざまな知恵や工夫、力が結集された。結局、完成まで十年の歳月が費やされている。

完成した城は総石垣の平城で、方形の本丸の外には二の丸、三の丸が配され、五重五階の天守と二つの小天守を渡櫓でつなぐ比翼連理の天守群を持っていた。屋根には桃山文化を象徴する金箔瓦が使用され、規模、景観とも、大坂城もかくやといわんばかりの威容を誇った。構造から見ても、秀吉の居城でもあった聚楽第《じゅらくだい》を参考としていると考えられる。

しかし、内部構造は非常に質素なつくりであったといわれている。これはこの普請が毛利家の普請事業であったとともに、海を渡り大坂に入ってくる他国使者に向けて、瀬戸内から眺望できる絢爛《けんらん》な城を早急に築き、豊臣政権の権勢を誇示したいという豊臣政権の思惑が絡んでいたためだ。

確かに、中にさえ入らなければ権勢を示すことは可能である。毛利も豊臣も広島城を早急に築城せねばならない理由の一つに、彼らの栄華を形として示すという部分があったのは間違いないだろう。

さらにいえば、毛利輝元自身が多くの時間を京都屋敷、大坂屋敷で過ごしていたということもあるのだろう。城内の調度はまだまだこれから整備されていくといったところであった。また朝鮮への出兵で、さしもの毛利家も経済力が逼迫《ひっぱく》していたということもあるさまざまな理由で、城内の整備は遅れていたと考えられる。もっとも百二十万石の当主の城として、代を重ねれば自然にそれなりの豪華さを伴っていったのだろうが、それは歴史が許してはくれなかった。

築城に十年の歳月がかかり、完成の翌年は関ヶ原の戦いである。絢爛豪華な広島城とその城下町をつくったまではよかったが、完成と同時に毛利氏の没落は始まるのだった。

関ヶ原の戦いで毛利輝元は、西軍の総大将として担ぎ出され敗北。このとき毛利氏は家臣の吉川氏を通じて、徳川との間に領地安堵の密約を交わしていたが、これを反古《ほご》にされてしまう。毛利氏は失意の中、領地を削減され、萩に追われる。輝元はその後、形式上には隠居したが、嫡男の秀就《ひでなり》が藩主であった長州藩の実権を握っていた。

関ヶ原の戦いで没落した毛利氏に代わり、広島城には福島正則が入封する。

しかし、福島氏も洪水被害による城の改修工事を徳川に無届けで行なったという理由で改易された。まさに、いいがかりである。福島正則はもともと豊臣家の家臣だったため、徳川からは冷遇される外様大名の一人だった。福島正則も、その後の徳川の扱いを知っていれば、関ヶ原で東軍に味方するなどということもなかったのだろうが、関ヶ原までは家康は実直さを売りとしていたので、純朴な正則が騙されるのも、仕方のないことだ。

代わりに入封したのが浅野長晟《あさのながあきら》である。その後、明治維新まで浅野氏が代々広島城主となる。浅野藩政時代の広島城は内堀・中堀・外堀が存在する一キロ四方の城郭であったが、これも明治維新以降は外堀が埋められ、市電の軌道敷地となった。

江戸末期以降も、広島城は歴史の表舞台に度々登場する。第一次長州討伐の折には、徳川慶勝《よしかつ》を総督とする幕府軍の本営となり、日清戦争の折には大本営として利用された。

しかし、広島の町をつくり育てた広島城も、太平洋戦争末期の原爆投下により、広島の街とともに灰燼《はいじん》と帰した。戦国時代の終焉とともに建てられた太平の象徴は、こうして消え去った。

萩城《はぎじょう》

山口県萩市

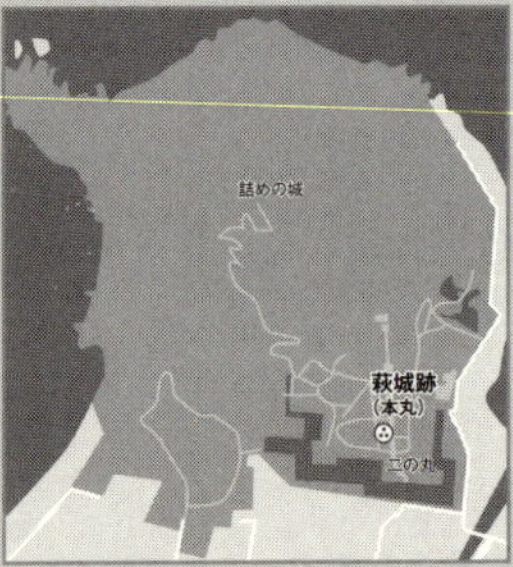

所在地

山口県萩市堀内

城DATA

築城年	**1604年**
別名	**指月城**
城郭構造	**梯郭式平山城(指月山)**
天守構造	**複合式望楼型5層5階(1608年築・非現存)**
築城主	**毛利輝元**
主な城主	**毛利氏**
廃城年	**1874年**
遺構	**長屋、石垣、堀**
指定文化財	**国の重要文化財(厚狭毛利家長屋)、国の史跡**
再建造物	**北の総門・土塀・土橋**

MEMO

現在は指月公園として整備され、二の丸入口近くに、国の重要文化財でもある旧厚狭毛利家萩屋敷長屋が現存している。

毛利氏の徳川への妄執が宿った城

家老が毛利家当主に、幕府追討の用意ができたと伝える。当主は静かに「まだその時期にあらず、時を待つべし」と答える――。毛利家に代々伝わる正月の行事である。関ヶ原の敗戦以来、毛利家は徳川家を憎しみ続けた。それが明治維新へとつながる原動力だった。

萩城は長州藩主の居城であり、江戸幕府が開かれた時期に広島城築城主として名高い毛利輝元により築城された。輝元は関ヶ原の戦いにて西軍の総大将として参戦し、敗北後に隠居。嫡子・秀就には周防・長門の二国が徳川より与えられた。新規築城がなったばかりの広島城を手放し、与えられた地は中国地方の西端のみであった。

それまでの百二十万石から三十万石への削封である。典型的な左遷人事であるが、それもいたしかたなし……といいたいところなのだが、毛利氏は吉川氏により徳川と合戦前に所領安堵の密約が交わされていたという。それを反古《ほご》にされ、輝元からすると憤懣《ふんまん》やるかたなしといったところだ。しかし、居城もないままでは、そうもいってはいられない。仕方なく毛利氏は新たな居城の立地案を三カ所、幕府に提出した。それが、防府と山口、萩――。幕府からは、最僻地である萩が指定された。

周囲は三方が山に囲まれ、開けている一方は日本海に面している、都から遠い寒村の萩に築城せねばならなかった毛利氏の屈辱は想像に難くない。幕府からするとわずか一代で一介の地頭から大大名にまでのし上がった毛利元就の血が恐ろしかったのだろうか。

こうして萩城は一六〇四年から着工され、四年後に完成した。

一般的には平山城といわれているが、構造としては山麓につくられた平城と、日本海にまで張り出した指月山に建てられた詰めの丸を山城とし、この二つの特徴を持っているという見方もあり、ほかにも海城の要素もあるともいわれている。立地としては辺境ではあるが、要害としての萩城は優秀だった。幕府に目をつけられぬように規模は小さいものの、どうしてどうして実戦的なよい城である。

五重五階の複合式望楼型の天守も張出という構造が採用され、これは読んで字のごとく天守の第一層が天守台よりも大きく外に張り出している構造だ。これにより床板を上げれば上から銃眼として下方を狙撃するのに使用できる。江戸初期に築城された城とは思えない、厳しい防戦に耐える極めて実戦的な構造は、まさしく毛利氏の徳川へ対する忸怩《じくじ》たる思いの結晶であろう。

特に輝元は祖父・元就の時代から続く吉田郡山城を捨て、広島城を毛利氏の栄華の象徴と、豊臣家家臣として実務的な政治拠点という目的で築城したのだ。それを家康に謀られ、広島城を追いやられ、また寒村に押し込められたのだから、思いは募る一方だったろう。

そんな初代藩主、輝元の思いをはらんだ萩城は、その後二百六十年にわたり毛利氏の居城となる。最初三十万石だった長州藩は、幕末には百万石を超える富裕な藩財政を抱えていた。二百六十年の間に新田開発や過酷な検地なども行なわれ、禄高をこつこつと積み上げながら、その都度暗黙のうちに倒幕の下準備が進められていたのだろうか。

幕末期には長州藩府は萩から山口に変えられる。と同時に萩城は次第に、その政治的存在理由を失っていった。そして長州藩はまた激動の明治維新を牽引し、歴史の表舞台に再び戻ってくる。毛利氏の念願であった倒幕を果たしたが、明治新政府誕生後の一八七三年に、政府は城郭破却を発した。維新を主導し倒幕に導いた長州藩は、これを遵守し、他藩への規範となるべく萩城を売却したが、その後すぐに萩城は取り壊された。

萩城は毛利輝元の描いた倒幕の思いを実現させた城だった。それを実現するころには萩城は次第に立場を失っていき、築城主輝元の本願を果たしたあとには用済みとばかりに取り壊された。なんとも切ない話ではあるが、しかし萩城は僻地と呼ばれた日本海側の寒村から、日本近代史を彩る代表的な事件、明治維新の立役者たちを輩出した。

関ヶ原で敗北して領地の過半を失った毛利輝元の思いが、萩城やその城下、長州藩を育て、今の日本の国づくりの礎となったのだと考えると、不思議なものを感じざるをえない

丸亀城《まるがめじょう》

香川県丸亀市

所在地

香川県丸亀市一番丁

城DATA

築城年	1587年
別名	亀山城、蓬莱城
城郭構造	渦郭式平山城
天守構造	御三階櫓(複合式層塔型3重3階・1660年築、1877年改築)
築城主	生駒親正
主な改修者	山崎家治
主な城主	生駒氏、山崎氏、京極氏
廃城年	1871年
遺構	現存天守・門・長屋・番所、石垣、堀
指定文化財	国の重要文化財(天守・大手一の門・大手二の門)、国の史跡

MEMO

城の全域は国の史跡に指定されており、亀山公園となっている。天守のほかに大手一の門・大手二の門・御殿表門・番所・長屋が現存している。

七十年かけて整備され続けた美しき城郭

一度は廃城となり、さらには城主が何度も代わって数奇な運命を持つ城が、香川の丸亀城である。

丸亀城は、現在の香川県丸亀市の市街地南方にある緩やかな丘陵にある、標高六十六メートルの亀山に築かれた平山城だ。亀山の周囲に堀を設け、それより内側を縄張とした。天守は十二の現存天守の中では最も小規模ではあるが、三重に、かつ扇形に積み重ねられた石垣の上に佇《たたず》む姿は美麗かつ威厳がある。

丸亀城は、秀吉による四国討伐後の一五八七年に、讃岐《さぬき》十七万三千石に封ぜられた生駒《いこま》親正《ちかまさ》により築城された。讃岐の城といえば高松城が有名だが、その支城として築城されたのが丸亀城である。それまで亀山には室町時代初期に、管領の細川氏の家臣が築いた砦があったが、これをかなり大幅に整備し直したもので、ほぼ新規の築城といっても問題はないだろう。生駒親正は主人を信長、秀吉、家康と変えて生き延びた非常に世渡り上手な武将である。関ヶ原の戦いでも自らは西軍につき、息子の一正には東軍につかせた。どちらが勝利しても生駒家が存続できる処置をしたのである。特に一正は東軍先鋒としての軍功が認められ、その功績により生駒氏の領土は安堵された。親正は西軍についた責任をとり家督を一正に譲り、剃髪し高野山に入る。ほどなくして戻るが、讃岐にて没した。

こうして讃岐には高松城と丸亀城の二つの城が残り、生駒氏の支配が始まったが、一六一五年に徳川幕府が軍備縮小を目的とした一国一城令を発したため、丸亀城は廃城の危機に瀕した。しかし、確かに廃城にはなったものの、破壊するには忍びないと生け垣などでその姿を隠したのみで、丸亀城は次に歴史の表舞台に出るまでじっと待つこととなる。

＊　＊　＊

一六四〇年、生駒氏がお家騒動により改易となる。事の発端は藤堂高虎《とうどうたかとら》の孫であり、生駒正俊《まさとし》の子である小法師（元服後は高俊《たかとし》）にある。小法師は十一歳にして家督を継ぐが、幼少のために外祖父である高虎が後見することになった。高虎は家内を御するために、家臣の前野助左衛門《まえのすけざえもん》と石崎若狭《いしざきわかさ》を家老に加えさせ、生駒氏の力を緩やかに押さえ込んでいく。

高虎が死したあと、その跡を高次《たかつぐ》が継ぎ、さらに後見の座も引き継いだ。一六三三年に主席家老の生駒将監《しょうげん》が死ぬと、藤堂家から入っている前野助左衛門と石崎若狭は高次の意向を背景に権勢を振るい、藩政を牛耳ったのである。

藩主である高俊は政治に興味を示さず、両名に藩を任せきりにし、自らは美少年を集めて男色に耽《ふけ》った。高俊の正室は心を傷めて父である土井利勝《どいとしかつ》に報告し、それを聞いた利勝は幾度も高俊を諫《いさ》めたが、彼は聞き入れることはなかった。

一六三五年、生駒家は江戸城改修の手伝い普請を命じられ、これの費用を材木商に借りて行なった。この返済のために高松城付近にあった松林を前野助左衛門と石崎若狭は切り倒してしまう。この地は生駒家の戦国時の祖である正親が高松を要害としたときに伐採を禁じた林であった。生駒家を蔑《ないがし》ろにする両名の行動に生駒筋の藩士らが激怒したことは想像に難くない。家老生駒帯刀《たてわき》は、先の二名の乱行を親類である藤堂高次に訴えた。高次は驚き、前野助左衛門と石崎若狭を藩邸に呼びつけ、これらを諫める。しかし、これでも家内の不和はおさまらず、この後も対立を繰り返す。結局幕府による裁定が下され、帯刀派は忠誠心ありとし松江預かりとなり、前野・石崎派は主立ったものが死罪となった。藩主である高俊は家内不取り締まりで改易。

＊　＊　＊

後に讃岐は東西に分割され、東讃十二万石、西讃五万三千石に分けられる。その西讃に山崎家治《やまざきいえはる》が入封。城が必要になり、廃城扱いであった丸亀城がめでたく復活し、藩主居城として発展を遂げることになった。

家治は入封後すぐに、城と城下町の発展のために将軍から築城費を賜《たまわ》った。ここに四国地方の鎮守として丸亀城を育てようとした幕府の思惑が見え隠れする。家治は天守、櫓十二基、城門八をつくり、大きく城をつくり変えた。特に石垣の美しさは有名で、またその石垣にまつわる石工の悲哀に満ちた物語も有名な伝承だ。

石垣づくりの名人であった羽坂重三郎《はさかじゅうざぶろう》は、家治に命じられ丸亀城の石垣をつくっていた。完成間近のある日、家治による視察があり、家治は一目見て石垣を気に入り、重三郎を褒めた。調子に乗った重三郎は、その目の前で緻密につくった石垣を、棒を足場としてやすやすと登ってしまった。それを見た家治はふと「敵に通じられては厄介だ」と思い、猜疑心から彼を殺してしまう。この哀れな職人がつくった石垣は山麓から計六十メートルに及び、同時代の石垣職人にこの高さに及ぶ者はおらず、その美しさと高さは他藩に真似のできない石垣として称讃を浴びた。

ともかく、悲しい物語を挟みながらも家治は美しい石垣をつくることに成功したが、これは近江にいる穴太衆《あのうしゅう》などの有名な石垣技術集団を配下におさめていたからであろう。家治は丸亀城の石垣をつくる前にも、大坂城の天守・本丸・二の丸の石垣を担当していた。築城の名手とも呼ばれ、丸亀城に入る前にいた天草でも富岡城の再建を行なっている。

彼の政治の基本は美しい城を中心とした城下町を建設し、経済を発展させるものだった。丸亀城でも同様に城を再興し発展させたが、完成を見ることなく死去してしまう。皮肉なことに家治のこだわりから、築城に長い年月を要したためである。

山崎氏の断絶後は、代わって京極高和《きょうごくたかかず》が六万石で入封。今日見られる天守を完成させたのが彼である。唐破風、千鳥破風を施された天守は三重三階の十五メートルと小さなものではあったが、重三郎の石垣とあわせると堂々とした佇まいであり、小ささは感じさせない風格を備えている。こうして、生駒氏・山崎氏・京極氏の支配の間に行なわれた丸亀城整備は、実に七十年を超えた。

京極氏はこの後に明治までこの丸亀藩を守り、維新を迎えることになる。現在は天守のほかに大手一の門、大手二の門が残り、周囲は公園となっている。市民の憩いの場となっている天守からは、遠く瀬戸内の様子が見られ、天気がよければ瀬戸大橋も一望できる。一九五〇年には重要文化財指定を受けている。

宇《う》和《わ》島《じま》城《じょう》

愛媛県宇和島市

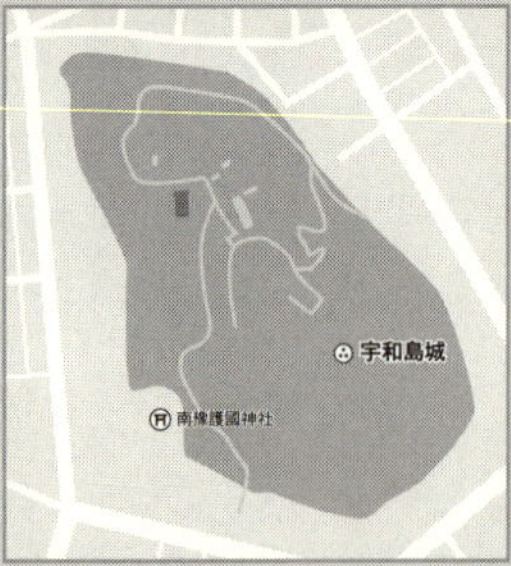

所在地

愛媛県宇和島市丸之内1

城DATA

築城年	941年
別名	鶴島城、板島城、丸串城
城郭構造	梯郭式平山城
天守構造	複合式望楼型3重3階(1602年、非現存)、独立式層塔型3重3階(1666年、再)
築城主	橘遠保
主な改修者	藤堂高虎、伊達宗利
主な城主	藤堂氏、伊達氏
廃城年	1871年
遺構	現存天守・門、石垣
指定文化財	国の重要文化財(天守)、国の史跡

MEMO

太平洋戦争の空襲により大手門は焼失したが、国の重要文化財である天守と市指定文化財である上り立ち門、そして石垣が現存している。

見下ろすと四角形に見えるが実は五角形

宇和島城は、現存天守を持つ十二の城のうちの一つである。その天守は一六六六年に伊達宗利《だてむねとし》が大改修を行なったときに建てられたもので、独立式層塔型三重三階の天守。各層には千鳥破風が配され、外壁は白漆喰総漆籠で仕上げられ、江戸期独特の洗練された重厚な美しさがある。廊下の内側に障子戸、畳敷きの名残である「高い敷居」などの安土桃山から江戸初期のつくりが残されているのも興味深い。この天守は防衛観点から見ても、江戸期の太平さを表し、戦国時代に見られた軍事的な性格が廃されている天守である。

縄張は、築城の名手として名高い藤堂高虎によるものだ。高虎は一五九五年に七万石で入封し、この地にあった板島丸串城《いたじままるくしじょう》を改修した。

宇和島とこの地が呼ばれるのは、元和年間（一六一五～一六二三年）になってからである。それまでこの城は板島城、もしくは丸串城と呼ばれていたようだ。高虎は二辺が海に面する不等辺五角形の縄張をつくり上げた。西半分を海、東半分の堀にも海水を引き込んで掘としたため、別名「海城」とも呼ばれている。

曲輪は標高八十メートル前後の丘陵一帯に、本丸を中心に囲むように二ノ丸、北に藤兵衛丸、西側に代右衛門丸、藤兵衛丸の北に長門丸を配置。麓の北東に三ノ丸、内堀で隔てて侍屋敷が置かれた外郭をめぐらせた。そのときに建てられた天守は複合式望楼型の三重三階で、正方形の歪みない平面を初重に持ったものだった。その後、同様の技術が丸亀城でも用いられたといわれている。

これらの城郭構造を伊達氏はそのまま保持し、改修したと見られている。この五角形状の縄張は、五角形と認識しづらい縄張だ。事実、幕府の隠密が宇和島城を調べ、報告した折の書簡に「四方の間」と記されていた。高虎の築城の腕前を偲ぶことができるエピソードである。現在は、天守のほか、上り立ち門、武器庫、石垣が残っている。

＊　＊　＊

この城を語るうえで、はずせないエピソードはもう一つある。

山家精兵衛《やんべせいべえ》の暗殺である。山家精兵衛は、伊予宇和島藩初代藩主の伊達秀宗《ひでむね》の家老だった。そもそも藩主の伊達秀宗は、かの有名な伊達政宗の長男である。しかし、伊達といえば仙台。長男ともなれば仙台藩を継ぐのが普通である。しかし彼は伊予宇和島藩に入封し、新たな家を興すこととなった。これは彼の母が側室であり、また秀宗は豊臣秀吉の猶子であったため、父である政宗が徳川家に対して遠慮したための事態である。なお、秀宗の秀の文字は、秀吉より偏諱を受けたもので、秀吉の秀である。ついでに書けば、秀忠の秀も、秀吉から受けた名である。

また、秀忠は豊臣の姓も受けていたことがわかっている。それゆえ、徳川将軍家十五代の中で、唯一、源氏の氏の頭領になっていない将軍なのだ。後年、といっても秀忠の死後だが、朝廷からの宣旨をなくしたという形をとり、過去に遡って再発行している。

秀忠ですらそうなのだから、伊達政宗が気をつかうのもわかるだろう。しかし、これを不憫に思った政宗は家康と交渉し、なんとか新領地として宇和島十万石を許可され、秀宗に与えたのである。

秀宗は藩主となってからもお目付役として父から遣わされた山家を、家老として迎えねばならなかった。秀宗からすると、長男にもかかわらず家を継げなかったことや、どこに行っても父の影があることは、さぞかし苦痛だっただろう。

山家は優秀だった。苦しい藩財政のために手腕を奮い、仙台藩からの借り入れなどを行なう。しかしこのことが山家の専横を恐れた秀宗派の桜田玄蕃《さくらだげんば》に敵視され、対立が起きる。一六二〇年、夜半に彼は一族もろとも命を絶たれる。桜田氏による暗殺だといわれる。この事件を秀宗は、幕府や父に報告しなかった。もともと山家は政宗の家来であったため、政宗はこれに激怒し、秀宗を勘当する。さらに政宗は幕府老中である土井利勝《どいとしかつ》に宇和島藩の改易を嘆願した。慌てて秀宗は幕府と政宗に弁明の使者を送り、改易をなんとか免《まぬが》れる。

しかしその後、奇妙なことが相次いだ。桜田玄蕃は地震により倒壊した家屋の下敷きとなり死に、秀宗も病床に臥《ふ》す。精兵衛の祟りだと噂が立ち、恐れた秀宗は和霊神社を建て、精兵衛を慰霊した。伊代宇和島藩を脅かしていた天変地異も、この建立により消えたといわれている。

改易の危機に瀕した際、土井利勝の計らいで秀宗は父と面会の機会を得る。ここで積年のわだかまりを打ち明け、父と子は和解した。この後の関係は良好であったといわれ、伊達宇和島藩が明治の世まで続く礎となった。

幕末の宇和島も、なかなかに面白い。第八代藩主の伊達宗城《だてむねなり》は進取気鋭の人物で、西洋文明の導入に積極的で、蛮社《ばんしゃ》の獄《ごく》で捕らえられたあとに脱獄した蘭学者・高野長英《たかのちょうえい》を藩内で匿《かくま》い、藩内の海防強化の指導を受けたり、長州藩出身の蘭学医・大村益次郎《おおむらますじろう》を招聘《ようへい》し、蒸気船の建造や砲台の設置などを行なっている。公武合体を推進し、参預会議、四侯会議に参加し国政に参与しているが、短期間であったため、実を得ることはなかった。薩摩の島津氏との交流が深く、明治維新では薩長寄りの立場で新政府に参加しているが、戊辰戦争での薩長のやり方に不満を持ち、新政府参謀を辞任するという男気を見せている。

宇和島城は明治に入ると兵部省の帰属となり、大阪鎮台に管理される。その後縮小され、また太平洋戦争では何度も空襲に遭いながらも、奇跡的に現在の佇まいを残している。

Part6. 九州の城

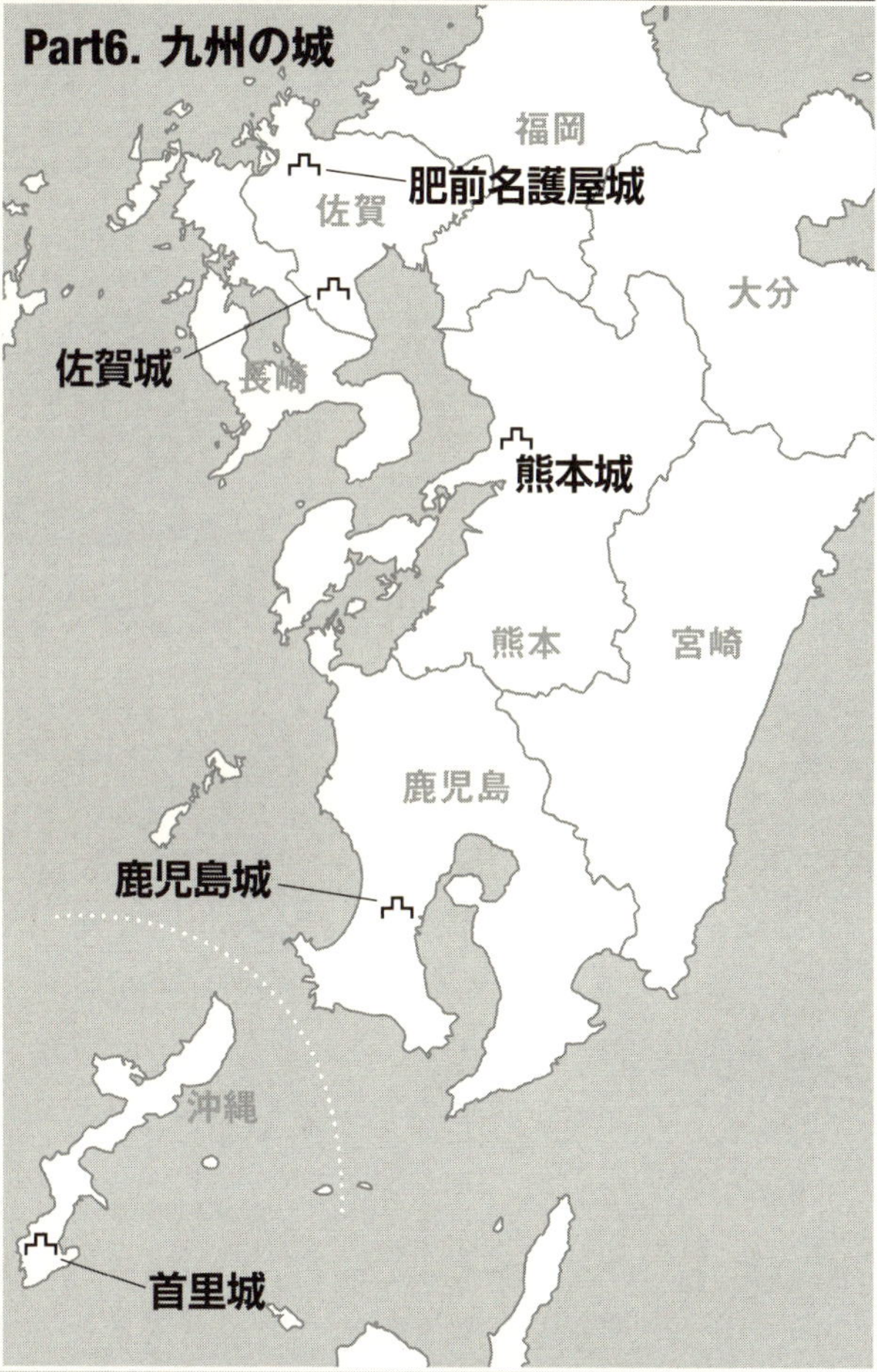

佐《さ》賀《が》城《じょう》

佐賀県佐賀市

所在地

佐賀県佐賀市城内2

城DATA

築城年	**戦国時代**
別名	**佐嘉城、栄城、沈み城、亀甲城**
城郭構造	**輪郭梯郭複合式平城**
天守構造	**4重(非現存)**
築城主	**龍造寺氏**
主な改修者	**鍋島直茂・鍋島直正**
主な城主	**鍋島氏**
廃城年	**1871年**
遺構	**鯱の門・続櫓、移築御座の間、石垣、堀、土塁**
指定文化財	**国の重要文化財(鯱の門及び続櫓)、佐賀県史跡など**
再建造物	**御殿(佐賀城本丸歴史館)**

MEMO

佐賀の乱により城の大半は焼失し、国の重要文化財である鯱の門と続櫓のみが残っている。城跡は佐賀城公園として整備され、本丸周辺は東堀や土塁が復元されている。

複雑なお家事情を抱える城

佐賀といえば「鍋島《なべしま》の化け猫騒ぎ」が思い出される。鍋島家の家臣、小森半左衛門《こもりはんざえもん》が外国産の猫をいじめ、いじめられた猫が藩主の側室を食い殺して入れ替わり、さまざまな仇をなすというものだが、異国種の猫というところに佐賀らしさが現れている。

佐賀は長崎に近いため、その警備を担当することになり、江戸の鎖国時代にあって常に海外と接した稀有《けう》な藩となった。そのために幕末では最新の武器を装備した、西洋諸国並みの軍隊を唯一持つ藩として発言力を持ち、維新推進の原動力ともなった。

そんな鍋島藩の主城が、佐賀城である。別名「沈み城」――。幾重にも張り巡らした堀は攻撃を受けた際は水を城内に入れ、主要部以外は水没する構造になっている。平時も外堀をつくる土塁に植えられた樹木により、城の内部はうかがえない。樹木の海に沈む城がこの通称を生んだのだろう。北に設けられた大手門は戦国の世を彷彿とさせる、極めて実戦的な城の構造だった。佐賀藩二代目当主である鍋島光茂の家臣、山本常朝《やまもとじょうちょう》の言葉「武士道といふは死ぬ事と見付けたり」にもあるように、武士としての本分を見失わない、硬派な気性が目立つ鍋島の家風を象徴するかのような城であろう。

もともと佐賀城は、戦国大名の龍造寺氏《りゅうぞうじ》の居城の村中城《むらなかじょう》である。これを改修し、佐賀城の姿としたのは鍋島直茂《なおしげ》だった。鍋島直茂は龍造寺隆信《たかのぶ》の重臣で、従兄弟であり義弟だ。また単に郎党であることを除いても、勇猛果敢な武将として厚い信任を得ていた。

一五六九年、龍造寺氏は大友宗麟《おおともそうりん》に佐賀城を攻められる。大友氏は五万の軍を率いていたが、迎える龍造寺氏の城内の兵力はわずかに百を超える程度。誰もが負け戦だと思っている中、鍋島直茂は籠城を隆信に進言し、隆信は兵をまとめ籠城する。その間に毛利氏に大友氏領地への侵攻を要請し、毛利の動きを察知した大友氏は兵を引き上げた。

その翌年には再び大友宗麟は佐賀攻めを行なう。今山《いまやま》の戦いである。このときの兵力は大友六万に対し、わずか五千。「尺寸の地も残さず大幕を打ちつけ家々の旗を立ち並べ……たき続けたるかがり火は沢辺の蛍よりもしげく、朝餉夕餉の煙立て月も光を失なえる」と、『肥陽軍記』は大友の大軍を表現している。しかし、前年にわずか百数十の兵で大友を知略を含めて退けた事実から、龍造寺軍は高い士気を持っていた。大友氏の猛攻は続くが、佐賀城は落城しない。とはいうものの、援軍などの見込みがない龍造寺軍は、このままでは落城必至であった。

この状況を打破したのが、大友側である。宗麟はいつまでも落ちない佐賀城をなんとしてでも落としたかったのだろう。これ以上恥の上塗りはできないと判断したのか、弟であり佐賀攻めの総大将である大友親貞へ援軍を送り、総攻撃命令を下す。親貞は八月二十日を総攻撃と決めたが、その予定日前日に親貞は前祝いと称して今山の本陣で酒宴を催す。この動きをいち早く察知した直茂は奇襲を企て、それを隆信に進言する。家内は危険だと否定的だったが、隆信は認め、直茂は奇襲に赴くのであった。

出陣前に彼は、「十死に一生の戦いにのみ生き延びる可能性がある。もし敗れれば、城には戻らないつもりだ」と悲壮な覚悟を以て戦いに臨んだ。結果、宴により士気が乱れていた大友軍は完全に混乱し、乱戦の中で直茂はみごと親貞を討ち取り、大友軍は総崩れとなった。局所的な戦いではあったが、佐賀城攻略を諦めた大友軍は退き、さらにこのあと龍造寺氏はその領地を広げ、大友、島津と並ぶ九州の雄となったことを考えると、この戦いは龍造寺の勝利といっていいだろう。

しかし、一五八四年に沖田畷《おきたなわて》の戦で龍造寺隆信は討ち死にしてしまう。その後、直茂は秀吉に認められ、龍造寺氏とは別に所領を安堵され、また国政を任せられた。これにより事実上彼は大名となった。

多大な武勲を上げた直茂は一六〇一年ごろから、龍造寺の城跡を中心に新たな城を築く。これが江戸期に佐賀城といわれ、現在も石垣や堀などを残す城跡となっている。

縄張は一見単純な構造であるが、しかしその方形の縄張の内部に藩主の龍造寺氏と実権を握っている鍋島氏を抱える複雑なものであった。築城当初は「佐賀城」とは呼ばれず、「龍造寺城」と呼ばれており、本丸にも龍造寺高房が入っていたが、その後、幕府により龍造寺の家督を直茂の息子の鍋島勝茂が継ぐ形で、佐賀は鍋島の領地となった。

その後、明治の世を迎えるまで鍋島氏が佐賀城を世襲する。その歴史の中には先述したように山本常朝がいる。彼は鍋島藩への絶対的な忠誠を説いた「葉隠《はがくれ》」を残した。この書により鍋島藩は家臣をまとめ、太平の世を送ったと思われる。

そんな鍋島藩の城である佐賀城は、外観は四層屋根だが、内部は上から上段（五階）、下段（四階）、二段（三階）、三段（二階）、其外（一階）の五階建てとなっている。また最上層が上下二階建てとなっているのが特徴で、一階は礎石の配置状況から後期天守閣としては珍しい書院造りであったと推定されている。天守が五重の南蛮づくりだったといわれているが、一七二六年に大火に見舞われ本丸とともに失われた。天守を失ってからは御殿などは二の丸に移され、藩政も二の丸で行なわれた。しかし、その二の丸も一八三五年の火災により消失した。

時代は下り、一八七四年に起きた佐賀の乱では、佐賀城は反乱軍に一時占拠され、戦闘の際にその構造物のほとんどは失われた。現在残っている建造物は鯱の門と続櫓であるが、これらは一九五五年に国の重要文化財に指定された。鯱の門には佐賀の乱が勃発した際につけられた弾痕が残っている。

また、本丸御殿の一番奥にある天保期の建物の「御座の間」は、鍋島直正の居室と見られている。一九五八年に水ヶ江大木公園に移築され、市の重要文化財の南水会館として親しまれている。二〇〇一年には本丸御殿を復元した佐賀県立佐賀城本丸歴史館が完成し、現在に至っている。

肥前名護屋城《ひぜんなごやじょう》

佐賀県唐津市

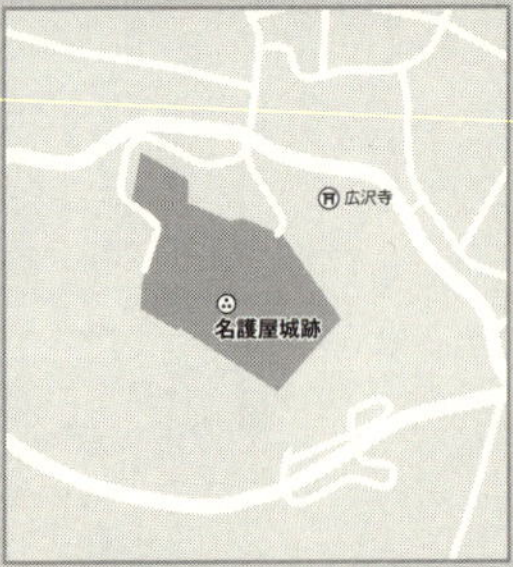

所在地

佐賀県唐津市

城DATA

築城年	1591年
別名	名護屋御旅館
城郭構造	梯郭式平山城
天守構造	望楼型5重7階(非現存)
築城主	豊臣秀吉
主な改修者	なし
主な城主	豊臣氏
廃城年	1598年
遺構	石垣、空堀など
指定文化財	国の特別史跡

MEMO

名護屋城周辺には118カ所の陣跡が確認されている。そのうち65カ所に遺構が残っていて、23カ所が特別史跡に指定されている。

実質七年のみ栄えた太閤秀吉の夢のあと

畑が城の石垣と共存――。そんな不思議な光景が、肥前名護屋城には存在している。

城が使われていたのは、太閤秀吉が朝鮮を攻めていた時代のみ。その一時期のみは、この地が都であったのと同じである。日本全国の諸大名が兵を連れて集まり、その兵を目当てに物売りや遊女、さまざまな人間が集まり、まるで京の都が九州に引っ越してきたような賑わいを見せていた。

兵どもが夢のあと。朝鮮から明（中国）へ攻め込もうというもくろみに無理があることを理解した秀吉は、この地を去り、大坂に戻ってしまう。その秀吉が死に、朝鮮から兵がそれぞれの領地へ戻ってしまうと、この地に存在意義はなくなってしまった。あとは時代がすべてを流してしまうのみ。

現地に行くと、おどろくほどの巨大さと、そしてその雄大であったはずの城郭が、人々の生活に飲み込まれてしまっていることに驚かされる。城の平坦地、曲輪が普通に農地となっている。人のたくましさと消え行く歴史遺物の対比は、時の流れを実感させ、不思議な感じを覚えさせてくれる。城好きでなくとも、一度はこの地は訪れるべきであろう。

さて、天下人となった秀吉は、中国大陸侵攻を考えていた。彼の青写真は、まず朝鮮半島を落として足がかりとし、中国大陸内へ攻め込んで行くというものであった。そのためには、多数の船舶を入出港させることができる港が必要で、その港に城を置くことが必須だと考えた。秀吉は家臣を集め、出兵に便利な港の所在を問うた。そして名護屋の地を見つけたといわれている。

陣城として築かれた名護屋城だが、その姿はとても陣城というには豪奢なものであった。梯郭式平山城である名護屋城は、玄界灘《げんかいなだ》に面する波戸岬《はどみさき》の垣添山に建築された。もともとここには波多氏の臣下である名護屋氏の居城である垣添城があった。東西両脇に名護屋浦と串浦を持ち、水運を活用する立地である。絢爛豪華な金箔瓦は秀吉の名護屋城への思い入れを示している。

陣城であるにも関わらず土塁ではなく石垣を組み、五重七階の天守閣を本丸に置き、多数の曲輪を配置した城郭は十七万平方米におよび、規模としては築城当時の大坂城に次ぐものだった。城郭は本丸を真ん中に置き、その周囲に二の丸、三の丸、東出丸、弾正丸を配し、一段下がった北側に遊撃丸、水の手曲輪を置いた。最下段には居城設備を管轄する台所丸などの曲輪を配した。本丸への道のりは左折の道のりとなっていて、これは姫路城でも確認できる。つまり、この普請が浅野長政と黒田孝高の手によってなされたということがここからもうかがえるのだ。

このような大規模な城郭であるにもかかわらず、この城はわずか五カ月で完成している。秀吉が九州の大名に命じ、加藤清正・黒田長政・小西行長《こにしゆきなが》にこの普請を要請し、突貫工事を行なったために短時間で完成した。完成と同時に朝鮮出兵は行なわれた。城内には五重天守や御殿が建てられ、周囲約三キロメートル内に集められた大名の陣屋が約百二十カ所築かれた。城の周囲には城下町が築かれ、最盛期には人口十万人を超えるほど繁栄した。

このとき、秀吉はあわせて一年二カ月この城に滞在したが、その間彼は大坂から茶々（後の淀の方）をはじめとした側室らを連れてきて、ともに茶道や観能を楽しんだ。これらを行なう施設として、名護屋城は山里丸という曲輪を持っていたのだが、この曲輪は天正期の大坂城や伏見城にも見られる、戦闘用ではない文化的活動のための曲輪である。

秀吉は対馬領主の宗氏を通じて、「李氏朝鮮の服属と明遠征の先導（征明嚮導）」を李氏朝鮮に伝えようとしたが、対応に苦慮した宗氏はこの言を伝えずに、李氏朝鮮に日本統一を祝う通信使の派遣を要請し、穏便に処理しようとした。明と冊封関係にあった李氏朝鮮は、当然秀吉の思惑どおりの答えは返さなかった。秀吉はまず朝鮮の制圧を決める。

そして、とうとう出兵が始まる。一五九二年、秀吉は全国の大名に「唐入り」の動員令を出した。これにより名護屋城下には各大名の陣屋が百二十余り設置され、常に二十万人が滞在する一大都市となった。出兵に際しては海兵団を組み、その数は計九隊十六万といわれている。さらに、後詰めの兵十四万を待機として名護屋城下に詰めさせた。わずかな間に三十万都市となった名護屋は、京をもしのぐ都市となった。

しかし、栄華を極めた秀吉も朝鮮出兵は失敗した。武将らにとっては秀吉の数々の普請事業で疲弊しており、さらに老いた秀吉の思いつきで始まった朝鮮出兵につき合うことは苦痛であったろう。和平交渉時の担当者が穏便にすませるための虚偽報告を秀吉に行なっていたことや、宗氏の困惑にも秀吉の独断専行ぶりがうかがえる。士気は高まるはずもなく、秀吉の死と同時に豊臣政権の実権を握っていた五大老は、生前から密かに進めていた大陸からの撤退を実行し、帰国した各武将は名護屋に敷いていた陣屋を解き、領地へ帰って行った。

名護屋城詰め、実に七年。豊臣政権を圧迫した文禄《ぶんろく》・慶長《けいちょう》の役《えき》は、こうして幕を閉じた。同時に、名護屋城もその存在価値を失い、城下も寒村に戻った。

関ヶ原以降、一帯を拝領した寺沢広高により、名護屋城は解体され、その資材を用いて寺沢氏は唐津に新城を築いた。さらに朝鮮との関係の悪化を懸念した徳川幕府により、朝鮮通信使へのパフォーマンスとして破却され、さらに島原・天草一揆後に発令された破城令により、基礎を完全に破壊される。

天下人秀吉の夢をのせた城は幻のように現れ、時代の変遷とともに否定され消えた。現在は跡地が壱岐水道を展望できる公園となっており、石碑などがある。周囲には教育委員会によって発掘された陣屋跡が並んでいる。

熊《くま》本《もと》城《じょう》

熊本県熊本市

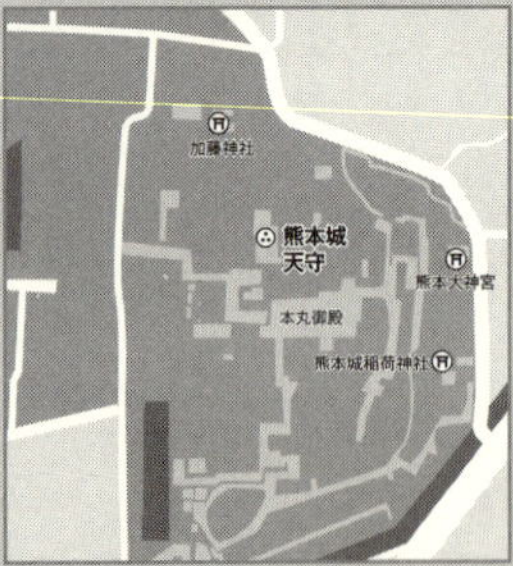

所在地

熊本県熊本市中央区本丸1-1

城DATA

築城年	1469～1487年頃
別名	千葉城、隈本城、銀杏城
城郭構造	梯郭式平山城
天守構造	複合式望楼型5重6階地下1階（1600年築、外観復元・1960年再）
築城主	出田秀信、鹿子木親員
主な改修者	加藤清正
主な城主	加藤氏、細川氏
廃城年	1874年
遺構	櫓・門・塀、石垣、堀
指定文化財	国の重要文化財:櫓11棟、門1棟、塀1棟、国の特別史跡
再建造物	大小天守・平櫓・馬具櫓など

MEMO

国の重要文化財である現存遺構は、宇土櫓、監物櫓、平櫓、五間櫓、北十八間櫓、東十八間櫓、源之進櫓、四間櫓、十四間櫓、七間櫓、田子櫓の各櫓、長塀、不開門。

豊臣秀頼を迎えるために加藤清正が築いた城

地元の人々は、加藤清正を「せいしょこさん」と呼ぶ。「清正公さん」をそのまま読めば、確かに「せいしょこ」となる。

なぜ、このように今でも愛されているのだろうか。

熊本城は、白川の扇状地末端に位置する梯郭式平山城で、複合式望楼型の五重六階・地下一階の天守を持つ城である。天下普請の城を除く、いわゆる武将の城としては最大であり、天守の他に三重五階の櫓が六基あるなど四十八の櫓を持つ。この名城の生みの親は「せいしょこさん」こと加藤清正である。

本来、熊本城は江戸期の支配期間を考えても、細川氏の城といわれてもおかしくないはずである。しかし、熊本城は加藤清正の城だというイメージが濃い。西南戦争の折に落城する天守を見て、民は清正公の城が燃える……とつぶやいたといわれているし、攻め落とすことができなかった薩摩の西郷隆盛《さいごうたかもり》は「清正公に負けた」と述べている。何がそれほど彼をさまざまな人物から慕わせるのだろうか。日本史でもこれほど敵味方、身分関係なく慕われる武将はそういはいない。

確かに、清正は豊臣への忠誠が厚く、熊本城築城時も中に秀頼を迎え入れるための「昭《しょう》君《くん》の間」を設けたといわれている。この深い忠義の心は、武士の心を打つには足るものであったろう。

しかし、それで民の心を捕らえられるとは思えない。では、どこに民を引きつける力があったというのだろうか。

その答えは「土木の清正」と呼ばれた彼の土木事業にあろう。清正には、普請奉行として参加した肥前名護屋城の主要部建築に参加した部下、飯田覚兵衛《いいだかくべえ》・森本儀太夫《もりもとぎだゆう》・三宅角左衛門《みやけかくざえもん》・下川又左衛門《しもかわまたざえもん》など、穴太衆を率いた重臣らがいた。彼らの功績は石垣のみに留まらず、県下に今でも残るさまざまな治水事業で残された遺構に見られる。

なんと四百年近く立つ今日でも実用に耐えうるものもあり、いかに清正の土木・治水技術が優秀であったかがうかがえる。彼は他の大名のように、ただ入封され統治するというスタイルはとらず、積極的に農業行政を行ない、実績をあげていった。

民衆の心を掴んだのは、おそらくこれらの土木事業の実施によるところが大きいだろう。民衆と触れ合うこともあったであろうし、賃金を正しく支払えば、農民たちの生活も安定する。また、治水がしっかりとしていれば、洪水も起こらず農作物もしっかりと生産でき、民の生活は確実に向上する。

そんな加藤家も清正の死後、徳川家により改易されてしまう。その後細川氏が熊本に入り、二百数十年この地を治めた。しかしながら民衆の心は今も清正公に寄せられている。細川氏も入封時に、天守から清正が祀られている本妙寺《ほんみょうじ》に向かい、「清正公の城をお借りいたします」と、異例の拝礼を行なったと伝えられている。熊本では、まさに加藤清正は名君中の名君の扱いをされているのだ。

清正公によりつくられた熊本城であるが、その天守の構造は先述の通り複合式望楼型の五重六階・地下一階であった。天守は二つの曲輪に分けられた本丸の北側の曲輪に配されていた。

北の本丸には天守の他に小天守、東側に御裏五階櫓があった。南側の本丸には小広間西三階櫓、月見櫓、本丸東三階櫓があった。これら本丸の曲輪西側には平左衛門丸、南側には数寄屋丸があり、これら都合四つの曲輪が高石垣で囲まれ、中枢部とされていた。

中枢部の南側と南東側にそれぞれ飯田丸、東竹の丸があり、これらに入る虎口があったが、この虎口も複雑に折れる石段で構成されていた。これらを囲む外堀は、坪井川の流れを曲げ、南側と東側の堀としている。城下町全体を覆う惣構は白川を堀とし、高橋港に流れ込んでいた。そのため、水運にも長けた城郭構造となっていた。また、各曲輪が独立した城郭のような構造を持っていたことも一つの特徴だ。

この城が堅牢なさまは西南戦争時に証明された。明治政府が熊本城に鎮台を置いていたが、対する西郷隆盛率いる薩摩軍がこれを攻めた。清正が江戸期の装備を基準として防衛拠点とした熊本城だったが、実に守りやすい城であったという。薩摩軍は一万七千の兵力を持ち、山砲、臼砲各々三十門を並べるのに対し、政府軍はわずか三千四百の兵で山砲十三門、臼砲七門を持つのみであった。しかも戦闘開始前夜に謎の出火により天守を焼いてしまっている。

圧倒的有利な条件にも関わらず、薩摩軍は城内に入ることすらできず、政府軍は五十二日間籠城し、ついに熊本城の防衛に成功した。

この城は銀杏城とも呼ばれているが、それは城内の至る所に銀杏が見られるためだ。これも清正が築城の折に籠城戦となったときの兵糧とするために植えたといわれている。また、清正は銀杏を植えた際に、

「この銀杏が育ち、天守の高さに追いついたとき、兵乱が起こるだろう」

と予言したといい、事実、銀杏が天守と同じ高さに達した一八七七年に西南戦争が勃発したのだった。

清正の死後、嫡男の忠広《ただひろ》が継いだが、彼は息子の監督不行き届きなどの罪状を三代将軍家光に突きつけられ改易させられる。初期の徳川幕府が秀吉の直参であった加藤氏を取り

潰したいがための改易であったと思われる。清正が秀吉を祀る神社を建立し、それに忠広が参拝し供養したということが改易理由に盛り込まれていた。このころまだ盤石ではなかった徳川家は、ひたすら亡き太閤・秀吉の影に恐れていたことがうかがえる。

その後、細川氏が熊本城に入り、明治の世まで熊本を世襲したのである。

確かに、清正が残した伝説や伝説に留まらない清正がいたという実感が県内各地に残っている。はるか四百年前の人物が、現在でもなお身近な場所で息づいているのは不思議と暖かみがある。きっとこの暖かみが、「せいしょこさん」の正体なのだろう。

鹿《か》児《ご》島《しま》城《じょう》

鹿児島県鹿児島市

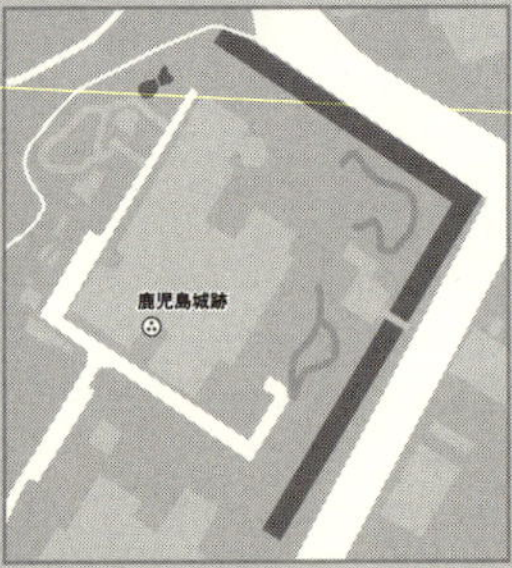

所在地

鹿児島県鹿児島市城山町7

城DATA

築城年	**1602年**
別名	**鶴丸城**
城郭構造	**平山城**
天守構造	**なし**
築城主	**島津家久**
主な改修者	**島津吉貴**
主な城主	**島津氏**
廃城年	**1872年**
遺構	**石垣、堀、石橋**
指定文化財	**鹿児島県史跡**

MEMO

石垣や堀、西郷隆盛の私学校跡地である出丸跡、大手門との間に架かる石橋が現存遺構として見ることができる。特に私学校の石垣には西南戦争の際の弾痕が数多く残っている。

守ることは考えられていない不思議なお城

江戸時代に築かれた鹿児島城――。なんと、この城には天守がない！　島津七十七万石の大大名の居城としては簡素すぎるつくりだが、これは、江戸幕府への絶対的な恭順《きょうじゅん》の意志を、外様大名である島津氏が具現化したものであるといわれている。

また、鹿児島の南端にあった島津藩である。他藩の通行があるわけでもない。つまり防備を固める必要はことさらなかったのだ。防備を固めるとすれば国境付近であり、本拠の鹿児島城で戦うということは、もはや懐深く攻め込まれ、抵抗はできない状態になっていることになる。そうであれば、城は屋敷に毛が生えた程度でよいというのも、合理的な考えである。

構造を見てみると近代城郭とは違い、天守や重層櫓もなく、まるで鎌倉時代の武士の邸宅である屋形づくりをそのまま踏襲したかのようなつくりである。標高百十メートルの城山を詰めの城として、麓に本丸、二の丸、厩《うまや》が横に並ぶ簡素な縄張である。城は城山と館群からなるが、館の一つひとつが曲輪としての構造を持っているわけでもなく、単純な堀と石垣があっただけで裏表なく、防御能力のほとんどない構造だ。

「鹿島城は城をもって守りと成さず、人をもって守りと成す」

この言葉は島津義久《よしひさ》のものであるが、「外城制」という、鹿児島藩独自の制度を表現するものでもある。外城制度は戦国時代の地頭制度などに近いものであり、領内に武士を分散的に配置し、軍事ネットワークとして、各地に農村・漁村支配の拠点機能を持った仮屋を配置したものだ。これは鹿児島藩の人口の二十六パーセントが武士階級であることや、戦国時代の島津家の領地支配システムをそのまま流用することができたから可能となったシステムでもある。藩内の各地に仮屋が置かれ、この仮屋に住む武士を城下町にいる城下士に対し外城士と呼んだ。この仮屋の数は百十三に及び、ここに住む外城士は武士というよりも半士半農のような者が多かったようだ。

この外城制度により、中心部に大々的な防衛拠点を置く必要がなくなったのである。

＊　＊　＊

時代は築城より下り、八代藩主・島津重豪《しげひで》の代になる。重豪の正室は将軍吉宗の孫であり、また重豪の三女は十一代将軍家斉《いえなり》の正室となり、広大院と呼ばれた。密接に徳川との縁組を繰り返すことで、島津氏は幕府での発言権を次第に強めていく。その後、十一代藩主の島津斉彬《なりあきら》は、養女の篤姫《あつひめ》を十三代将軍の正室として送り出した。ＮＨＫ大河ドラマで一躍有名になった天璋院《てんしょういん》である。

最初は外様大名でありながら恭順の意を明確に示し、次第に幕府での発言権を増していくという、外交巧者である島津氏の手腕が築城にも表れているかのような城郭構造だといえる。主に仕えるにあたり、絢爛豪華な城は必要ない。むしろ簡易な城とすることで、主への信頼をとりつけるさまは、いっそ清々しく映るものである。

鎌倉時代の屋形づくりの発展形である鹿児島城であるが、まさしく薩摩武士らは鎌倉武士のような精神を持っていた。最初は恭順を示す島津氏の意図を表した質素な城ではあったが、城は城下や家臣を育てるものである。それは毛利氏の長州藩・萩城などでも顕著に表れた現象だ。萩では「倒幕の思い」が綿々と継がれる城がつくられ、鹿児島では「主への忠誠」が伝えられる城がつくられた。表向きの思惑などは時代が下るに連れて消えてしまうが、城は残り、精神を語る。そう思うと、薩摩隼人の無骨な人柄ながらに筋の通っているところなどは、鹿児島城のもとで育ったからこそだと思えてならない。

しかし、南国薩摩の城は意外な敵に悩まされることになる。シロアリ被害である。火事による焼失もあるがシロアリによる倒壊も多く、その度に藩財政を圧迫する。うがった考え方をすれば、天守をつくっても、すぐに消えてしまう可能性があったので、これを避けたとも考えられる。

火事やシロアリ被害だけではない。幕末、薩摩には大きな災害がやってきた。

文久二年八月二十一日（一八六二年九月十四日）、横浜郊外の生麦《なまむぎ》村を通りかかった薩摩藩の大名行列は、行列の前に平伏しなかった英国人四人に対し切り掛かり、一人を殺し二人に傷を負わせた。有名な生麦事件である。翌年、イギリス公使代理のジョン・ニールは幕府から生麦事件の賠償金十万ポンドを受け取った。その後、ジョン・ニールは薩摩藩との直接交渉を行なうために、七隻の艦隊を引き連れ横浜を出港、鹿児島城南約七キロ地点に投錨した。

薩摩藩は総動員令を発令し、これに備えた。英国側は国書を提出し、事件の犯人逮捕と処罰、ならびに遺族への賠償金二万五千ポンドを要求。薩摩藩は回答を保留し、翌日に鹿児島城内での会談を提案したが、英国は拒否し、迅速な対応を求めた。これに対し、薩摩藩は生麦事件の責任はないとの回答をし、英国の要求を拒否した。これにはいくつかの理由が囁かれている。一つに、英国の要求文を翻訳した福沢諭吉が急いでいたため、責任者の部分を誤って訳したといわれている。英国の要求は事件の責任者（つまり犯人）の処罰であり、それを責任者（つまり藩主）の処罰と薩摩側は受け取ったのだ。開戦を覚悟した薩摩は本営を英国艦隊の射程内にある鹿児島城から千眼寺《せんがんじ》に移した。

ついに戦端は開かれ、薩摩は砲台八十門から次々と英艦隊に向け射撃を開始した。当初対応に遅れた英艦隊だったが、アームストロング砲を含む百門の大砲にて応戦した。この戦闘で英国艦隊は大破二隻、中破一隻という予想以上の苦戦となった。しかし薩摩藩の被害はさらに甚大で、城門や城下の多くが破壊された。これ以降、列強の力を知った薩摩と薩摩の敢闘を評価した英国は友好関係を結び、討幕へと大きく進むことになる。

ご存知の通り、薩摩藩は江戸末期から維新にかけて重要な役割を果たす。維新三傑の一人、西郷隆盛も薩摩の出身だ。

彼は中央政府で征韓論を唱えるが敗れ、薩摩に帰ってくる。最後は追いつめられ西南戦争を起こし、鹿児島城の城山で自刃して果てる。鹿児島城は今でも市民からシンボル的な存在と捉えられているが、維新後は生活が困窮した薩摩武士の心の拠り所ともなっていた。国に戻った西郷は、ここに私学校を開校し、さらに自らの死に場所にここを選んだ。

鹿児島城は最も薩摩人らしい男の死を、どう見ていたのだろうか。

首里城《しゅりじょう》

沖縄県那覇市

所在地

那覇市首里金城町1-2

城DATA

築城年	**14世紀末**
別名	**御城(ウグシク)**
城郭構造	**山城**
天守構造	**なかったと推測**
築城主	**不明**
主な改修者	**尚巴志**
主な城主	**第一尚氏、第二尚氏**
廃城年	**1879年**
遺構	**石門、石垣**
指定文化財	**国の史跡、世界遺産(琉球王国のグスク及び関連遺産群)**
再建造物	**正殿・門・御嶽・城壁**

MEMO

王の居住する中心部の正殿は、中には一階と二階の両方に御差床《うさすか》という玉座が設けられていた。太平洋戦争の沖縄戦で焼失したが、現在は復元公開されている。

城というより官公庁と宗教的施設の集合体

首里城の築城年代についてはよくわかっていない。十四世紀末ごろではないかといわれているが、おそらく三山時代に中山《ちゅうざん》の城として用いられていたのだろう。詳しい文献が残っているのは、その後に尚巴志《しょうはし》が三山を統一し、琉球王朝を立て、浦添《うらぞえ》から首里へ首都を移してからである。このころに改修を受け、第二尚氏の尚真王《しょうしんおう》のころには戦前のころの首里城の姿となっていたようだ。

首里城には日本のほかの城とは違い、天守がない。珊瑚礁《さんごしょう》の上に築かれたこの山城は、琉球王朝の支配者の居城として整備され、防衛の観点よりも王の家らしい荘厳さが見られる。構造としては中国風である。城のまわりには珊瑚石灰岩により積まれた塀が続き、その上には牆壁が築かれている。堀はないものの、城郭西北にある円鑑池と西方に行ったところに龍潭池があり、これらが実質的には堀の役割をしていたのだろう。縄張はすべて中国風の石積みの中に納められていた。また、建造物も中国の影響を受けていて、初期は高麗瓦、後には赤瓦が用いられ、壁は漆塗りあった。平和な琉球王朝に整備されたため、構造の特徴として城というより官公庁の集合体といったイメージに近い。

首里城は内郭と外郭に分けられているが、先述の官公庁的な役割を持つ主要建造物は内郭に集中している。特に各門は単に門としての構造を持っているわけではなく、たとえば日時計や漏刻を用いて時間を管理する漏刻門や、司法や寺社宗廟関係の機関が入っていた広福門などがあり、これらの門に囲まれた内部に正殿がある。この前には御庭が広がり、ここで家臣の謁見《えっけん》や冊封《さくほう》体制下での通信使を迎え入れる場所として利用されたようだ。また、琉球王朝は中国だけではなく薩摩藩とも親交があったため、使者を受け入れる建築物にも中国風な建物と和風の客殿があったことが知られている。

これら内政や外交の基点として使われた首里城ではあるが、ほかにも宗教的な役割を担っている。

沖縄に伝わっていた琉球信仰は女性優位の信仰であり、これは神に仕えるのは女性であるという考えから来ている。そのため王族の女性から代々「聞得大君《きこえおおきみ》」と呼ばれる、琉球信仰における神女の最高位が選出されてもいた。聞得大君は主に首里城内に存在した聖域、御獄を管理していた。城内の聖域は十にのぼり、それぞれの祭祀を司るのも聞得大君の仕事だった。また、他にも琉球最大の御嶽《うたき》である斎場御嶽《せーふぁうたき》も聞得大君の管理下にあった。ここでは聞得大君の就任儀式などが行なわれていた。

そのように発展してきた琉球王朝の首府・首里であるが、何度か焼失の憂き目にあっている。史実で確認出来るだけでも三度ある。一度目の焼失は一四五三年に第一尚氏の金福《きんぷく》王《おう》の死去に伴い発生した王位争い「志魯《しろ》・布里《ふり》・の乱」によるものであり、城内は完全に破壊された。二度目の消失は一六六〇年に再建に十一年を要し、修復が終わってすぐまた一七〇九年に三度目の火災が起き、正殿・北殿・南殿などが焼失した。毎回火災が起きるたびに森林が伐採され、木材不足に陥っていた。憂慮した琉球王朝は沖縄本土北部に植林を行なったりしたが、結局は薩摩藩からの木材援助により再建をなしたこともあったようだ。

明治時代に入り、沖縄県が設置されることになり、琉球は廃止となった。そのため首府施設であった首里城も次第に荒廃していった。軍営の学校施設などに利用されてはいたものの、老朽化は激しく、かつての栄華はそこにはなかった。門のいくつかはとり壊され、正殿も壊されようとしていたが、伊東忠太、鎌倉芳太郎ら関係者の奔走により保存が決定され、修復を受けたあとは国宝に指定された。

首里城は県社沖縄神社の社殿として用いられるようになり、歴代の琉球王と、沖縄に上陸したとの伝説の残る源為朝《みなもとのためとも》が祀られた。昭和に入り日本は太平洋戦争に突入する。日本での最大の地上戦となった沖縄戦では首里城は、地下に司令部を置かれた。そのため米艦の砲火を浴び、壮麗な琉球建築は完全に破壊され、奇跡的に残った琉球王朝の財宝も上陸した米軍によりことごとく略奪された。

戦後、沖縄県民の強い要望もあり、琉球王朝時代の面影を彷彿とさせるまで首里城は復興した。しかし、その敷地内にあった御嶽には近づくことができなくなった。首里は復興したが、礼拝所としての御嶽は破壊されたという人もいる。

第3章

あの巨大な城はどう築かれたのか

——お城のことをもっと知りたい!!

中世のころに、ほぼできあがった城の概念

◉城の成り立ち

人は群れる動物である。狩猟をするにしても農業をするにしても、人は群れとして行動し、生きている。群れをなす動物・人が文化を持ち、それぞれ家（巣）をつくるようになると、群れとして活動しているために、その家を一カ所に集めて暮らすようになる。集落・村の発生である。

人は群れるという習性とともに、他の群れと争うという習性も持っている。近くに敵対する群れがない場合は争いは発生はしないが、周辺に異なる群れや集落・グループがあると、多くの場合で争いになる。また群れが移動するケースもあるが、移動した先に別の群れがいた場合は、やはりここでも争いとなる。

この群れや集落を守るために、村の周囲を柵で囲んだり堀を築いたりすると、いよいよ城というものの発生となる。

⊙城の発達

単なる群れや集落であった人々も、共同作業を行なうことで生産力に余裕が生まれてくる。そのあたりから、グループを指導する立場の人間、富を蓄積する人間が出始める。身分の発生だ。

このころになると他の友好的なグループとの間に交流もでき、物資の交換などが行なわれるようになる。

商業の発生である。

この前後から、グループの合流、拡大も進み、同時に身分制度が発達し、領主のようなものが生まれることになる。

それまで集落周辺を柵で囲っていただけだったが、いくつもの集落が集まり、密集したことでその構造も大きく変化することになる。その周辺を柵や堀で囲み、さらには土居を築き、高楼《こうろう》を建てるような集落全体を環濠《かんごう》で防御する——吉野ヶ里《よしのがり》遺跡で発掘されたような大規模なものへと発達する。そしてそれがそのまま町となり、それを防壁で囲めば、中国の都城へと発達することになる。

領主などの支配者が生まれると、支配者の住居は特別につくられるようになり、これにも防御機能が付帯され、城へと発達することになる。日本では平地が少ないことや異民族と接していなかったこと、雨量が多く農業生産力が高かったことなどから、大陸ほど厳しい争いが生まれず、集落が都城へと発展することはなかった。森林・木材資源も中国などとは比較にならないほど豊かであったため、住居の保全にさほどにこだわる必要もなく、やはりそれが都城への発展がなかった理由の一つとなっている。

領主や権力者の住居については、そこに富の蓄積があることもあって、防御能力が必要とされ、規模も大きくなり、さらには要塞《ようさい》化することになる。領主とともに支配者階級を守るための戦闘に特化した集団も生まれることになる。それが後に武士となるのだが、武士が生まれることでそれぞれの武士団に争いが生まれ、よりいっそう領主屋形が強化されることになり城へと発展を見せる。

また領主屋形のみでなく、重要な場所や地政学上有利な地点、他勢力との境界にも砦が築かれることになる。

それらは武士団の争いが激しくなるにつれ、より高度なものへと発展し、中世には今日の私たちのイメージする城が生まれることになる。

⦿最初の城は環濠集落・高地性集落

日本の城（的構造）は、集落を囲んで土居や堀をつくる、環濠集落が最初期のものと考えられる。

平野部と台地上につくられるケースがあるが、吉野ヶ里遺跡などでは南北一キロメートル、東西四百五十メートルもの広い範囲を環濠で囲んでいた。

高地性集落とは瀬戸内や近畿、九州などに多く見られる弥生時代の集落である。切り立った山稜上に、収穫物を貯蔵する倉とそれほど多くない集落といったパターンが多いが、その本質は倉庫機能にあったようだ。

山頂に貯蔵機能を置いたのは当然ながら戦闘を意識しているからで、言い換えれば古代山城と呼ぶべきものである。

◉形式のみでできていた都城

集落や豪族の屋敷を環濠で囲むことが発展・発達すれば、都市全体を城壁と堀で囲んで防御するという思想につながるが、日本の場合では、環濠集落が都城に発達することはなかった。

しかし大陸文化を受けて、都城の制度は流入した。藤原京、平城京、平安京などが好例だが、中国の都城ほどに徹底したつくりではなく、単に形式のみを流入したにすぎない。

後に豊臣秀吉が京都を土居で囲んだが、これは都城としての性格よりも、むしろ総構の城としての思想によるものであろう。

◉東北地方などで発達した城柵

古代日本である大和朝廷の時代では、「城柵」と呼ばれる、武装化した官庁のような城をつくっていた。大和朝廷の地方征圧のための城は、もとは木柵で囲んだだけの臨時の砦程度だったが、発展した結果、奥州の多賀城や九州の大宰府《だざいふ》など、独立国家ともいえる非常に巨大なものとなった。また、「官衙《かんが》」と呼ばれる、国家が各地方に築いた役所・官庁があり、国衙、郡衙は城としての防御機能も備えていた。多賀城は陸奥《むつ》国の国衙という呼び方も可能である。

なお『六国史』には、奥州に十九の城柵の名前が見られるが、所在地が確認されているのは、このうち七例のみであり、その実態の把握は遅れている。

これらの大和朝廷による辺境の城柵·官衙は、朝廷の衰退と武士の勃興により消えていってしまった。

◉城の構造をほぼ備えた武家屋敷・館

平安末から勃興した武士は戦闘を行なうための階級であり、日常的に訓練、または軍事

武士の館の構造

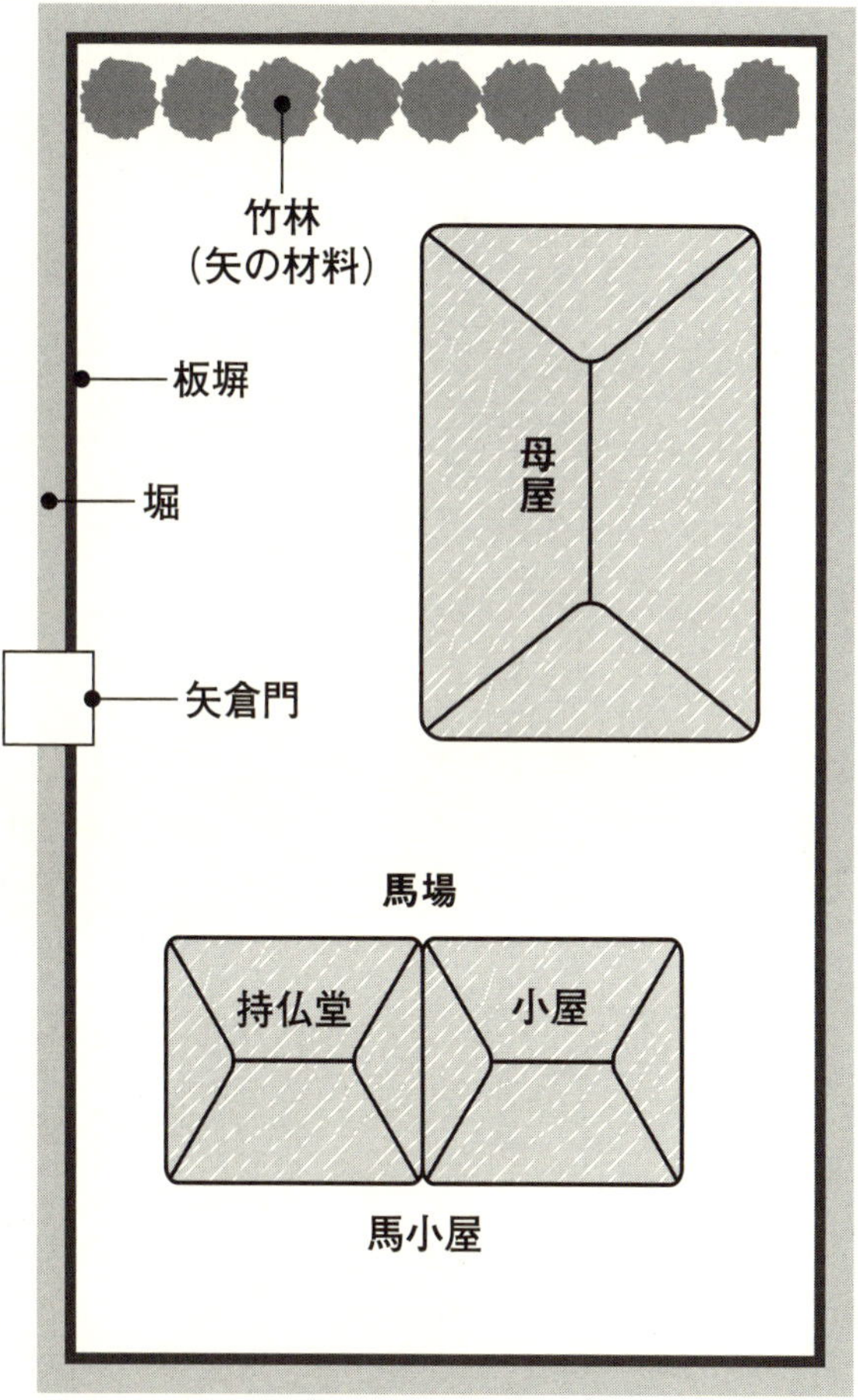

行動を取る階層として、その住居もそれに合わせたものとして発達した。

多くの場合、屋敷地の周囲に堀を設置し、さらには板塀や土居で外部からの攻撃を遮断し、門には櫓《やぐら》が設置され、出入りは常にコントロールされていた。建物は住居としての母屋と家臣などが暮らす小屋、馬小屋などがあり、それらが敷地の中におさまっていた。

これが巨大化するとそのまま城となるが、実際に全国各地で館（やかた・たち・たて）・屋形（やかた）・土居（どい）と称されているものが、ほとんど城の構造であるといったことも少なくない。

⊙攻撃されにくい要害・砦の登場

武家同士による争いが恒常化することで、各地の防御拠点は急速に発達した。館では強大な敵襲には耐えられないと判断した結果であるが、そのため武士たちは平地から山城に近い砦へと生活拠点を移すことになる。このあたりから、中世の城として一般に我々がイメージする城と、ほぼ違いはなくなってくる。

⊙城だけから城下町まで含む総構へ

城の規模が一段と大きくなり、その城域が格段に広くなった結果、城の内部に城下そのものを含む巨大な城が生まれることになった。家康の江戸城などがそうだ。日本の城の一つの終着点であるともいえるだろう。

しかし、総構を有する敵を攻撃できるということは、その時点で圧倒的な優勢を手にしているということでもある。

一定以上の規模の城は、敵に攻める気持ちを起こさせないための心理的ハードルでなくてはならない。そのハードルを越した瞬間、いかなる巨城も「落ちた」といってさほどに間違いはないだろう。

⊙城と城とのネットワークの形成

武士階級の争いが激化し離合集散が繰り返された結果、そこには巨大勢力としての武将・大名が生まれることになる。

勢力圏内には複数の城・砦を持ち、それらが防御のために機能的につながることで、さらに全体の防御能力が高まることになる。

本城と支城とが有機的に補完しあうことで、地域全体を守ることが可能になる。

戦い方も鎌倉時代とは異なり、戦国時代末期には鉄砲中心の戦いとなった。城は城単体では意味をなさなくなり、城もまた領地を守るための部品の一つとなる。

小田原城は支城ネットワークとの連絡が途切れ、各支城が本城たる小田原と連携できなくなった時点で勝利への道を失っている。

支城を持たない大坂城は、周辺を囲まれた瞬間、落城が運命づけられてしまった。

城とは何かを守るための防御拠点であり、守るための道具である。支城を含めたネットワーク全体が一つのまとまりとなり、防御構造としての機能を果たす。ネットワーク全体での防御構造は、火器が発達する以前の城としての最終形態といえる。

戦いの時代から平和の時代へ変わる城の構造

◉築城の際の三つの条件

城が築かれるときの条件がある。まず、これは当然であるが、守りやすく攻めにくいもの。次に居住性などの面で適当な利便性があること。そして、守るべきものを守れる場所にあることの三点である。

守りやすく攻めにくいという条件を満たしているだけでは城として意味がない。いくら富士山の頂上に城を築いても、確かに攻められることはないだろうが、残りの二つの条件を満たさない。自分の領地を守るのに適した場所になければ、城として意味はないということである。

領地そのものを守るのか、街道などに影響力を与えるのか、それなりに城がそこにある理由が必要なのだ。

領主の考え方や風土、地形的条件によりさまざまな場所に城が築かれているが、大きく分けて日本の城は、三つのパターンに分類することができる。

◉戦いのことを第一に考えた山城

戦闘では、高い位置が有利であることは論をまたない。また、攻め手の侵攻ルートが限られれば限られるほど、守備側には有利である。さらに、その侵攻そのものに困難さが伴えば、守備側はこれをかなり楽に撃退できることになるし、攻め手としては攻略が難しく攻めづらいということになる。

山城は山上に城を築くことで、これらのメリットを生かすというものだ。そのため鎌倉時代から戦国時代中期には、非常に多くの山城が築かれている。難点は生活に不便であるということ。多くの場合、平時は山の麓《ふもと》で暮らし、有事に詰めの城として山上の城に籠《こ》もるという利用法となる。

近江《おうみ》の観音寺城《かんのんじじょう》などは例外で、こちらは平時にも山上で領主（六角氏）が暮らしていたといわれている。

代表的な山城としては、高取城《たかとりじょう》（奈良県）、岩村城《いわむらじょう》（岐阜県）、備中松山城《びっちゅうまつやまじょう》（岡山県）、岡城《おかじょう》（大分県）などがある。

◉城下町の形成にも便利な平城

次に平野部の拓けた土地に築かれる城、平城を見てみよう。初期には近くに山間部がないなど、地形的理由で仕方なく平城となっていたケースもあるが、桃山時代から江戸時代には、その有用性から城の主流となる。弥生時代の環濠集落も、平城といって間違いではない。

武士の城館は、多くが平城といえる。この居館の規模を大きくしたものが平城であるといった見方も可能である。

平地であるため、通常の生活を不便なく送ることができ、さらには城下町の発展にも便利である。街道や集落、農地など、防衛したい施設・場所に素早く兵を出すこともできて軍事的な機動性に富み、非常に有効な軍事拠点となる。

また鉄砲や大砲の発達により、攻め手との距離を稼げない小規模な山城は防衛拠点とし

実利の城から権威の城へ――城の構造の変化

山城

山の頂上などに築かれた城。攻撃されにくく、防備に優れた構造である。しかし、日常生活には不便であり、戦いのないときには別に麓に築かれた館に住むことが多かった。南北朝時代から戦国時代半ばに多く築かれたタイプ。村上城、高取城、備中松山城などが典型例。

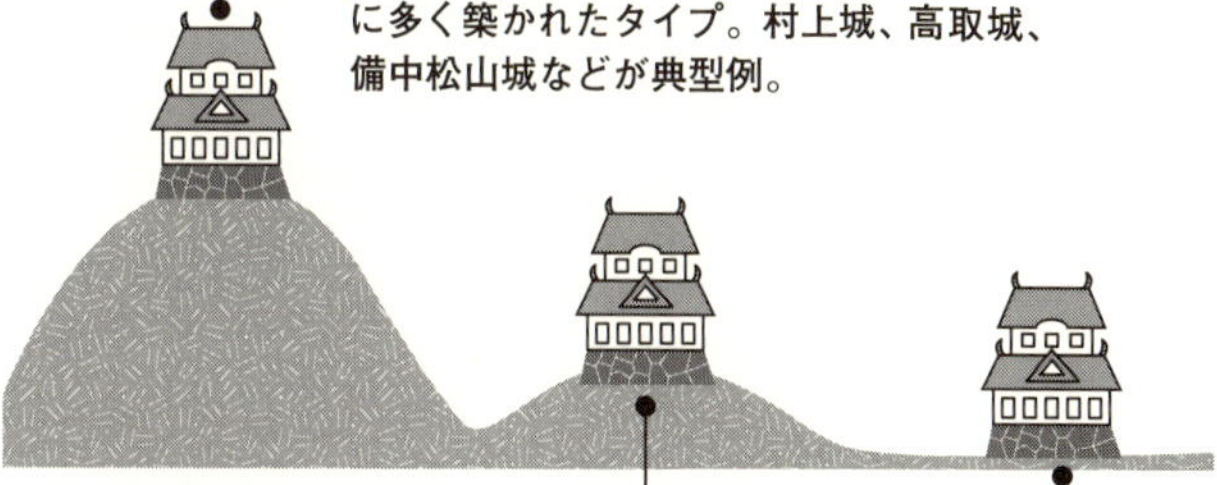

平山城

山城と平城の両方の長所を兼ね備えたタイプ。小高い丘陵地に築かれることが多かった。ほとんど平坦地であっても、ややこんもり盛り上がったような場合には、平山城に分類される。戦国時代の後半から江戸時代初期にかけて築かれた。

平城

安土桃山時代から江戸時代にかけて、国内が平和になるにつれて多くつくられるようになった。生活の場としては便利だが、攻撃されやすいという欠点もある。そのため、何重にも堀をめぐらせた。名古屋城や駿府城、広島城などが典型例。

同じ平城でも、海岸や湖岸、河口に築かれ、水を引き込んで利用したものを水城と呼ぶ。

ての価値を減じてしまったが、平城であれば資金さえあれば、堀の幅も櫓の数も土居の高さも自由に縄張することができ、火力に対応した城を構築することが可能である。

ただし地形的な遮蔽物がなく、低い位置にあるため、敵から攻撃されやすいという難点がある。堀を幾重にも重ねたり、高い土居を築いたりと、高度で大規模な土木工事が必要になる。

代表的な平城としては、名古屋城《なごやじょう》（愛知県）、駿府城《すんぷじょう》（静岡県）、二条城《にじょうじょう》（京都府）、広島城《ひろしまじょう》（広島）などがある。

湖や海に面し、船を入れられる城を、特に「水城」と呼ぶ。

⦿防御力と利便性とを兼ね備えた平山城

最後は平野部の小高い丘や小さな山を縄張に取り入れた、山城と平城の中間形態だ。多くの場合、小高い丘を本丸とし、防御力と利便性とを兼ね備えた、使い勝手のよいタイプの城である。高所を城内に持つので見晴らしもよく、城主の権威を示すのにも有効である。平地にあるため、平城同様、城地の拡大も自由であり、鉄砲などの火力にも対応が可能である。

平野部に、丘なり小山がないとつくれないため立地に影響されてしまうが、近世の城としては最も優れた形態の一つといえるだろう。

戦国時代初期や中期では、平野部の丘や舌状台地の縁辺のみに縄張を施した丘城もあるが、戦国時代後期になって、これに平野部の曲輪をさらに付帯したものが平山城となるケースが多い。要衝近くの高地は戦国時代にはほとんどが砦として用いられ、完全な新規築城の平山城はさほど多くはない。

代表的なものとしては、江戸城《えどじょう》（東京都）、大坂城《おおさかじょう》（大阪府）、姫路城《ひめじじょう》（兵庫県）、丸亀城《まるがめじょう》（香川県）などがある。

以上のほかに、港湾防御の砲台であるお台場も城といえば城であるし、島を砦とした水軍城などもある。

また稜堡式城郭《りょうほしきじょうかく》というものもある。これは地形での分類ではなく、西洋型の幾何学的な縄張の城を指し、日本では函館の五稜郭がこれに相当する。火砲の発達に対応して生まれたもので、射撃目標となる高所を設けず、土塁と堀によって敵の進出を遮断し、そこに城内からの射撃で打撃を与えるというものである。白兵戦をあまり考慮せず、火力での戦闘を前提とした近代的な築城形式である。

「人は城　人は石垣　人は堀　情は味方　仇は敵なり」

甲斐《かい》の武田氏の軍学書『甲陽軍鑑《こうようぐんかん》』には、このように書かれている。守るべきものは、領地であり国である。城はそのための道具でしかないことを喝破している。

火砲が発達してくる近世から近代初期までの城は、その用を失ってしまう。コンクリートで固められた味気ない近代要塞に軍事的防御構造の主役が移り、そこを落とすのは軍師による軍略ではなく、物量、砲弾の総重量という時代へと移行してしまう。

近代軍事要塞とは、つまるところ大砲の入れ物である。

私たちが城にロマンを感じるのは、そこがまだ人そのものが戦いに関与できる時代の遺物であるからなのであろうか。

◆参考図書

【決定版】図説　よみがえる名城　漆黒の要塞　豊臣の城　学研
【決定版】図説　よみがえる名城　白亜の巨郭　徳川の城　学研
【決定版】図説　江戸三百藩　城と陣屋総覧　東国編　学研
【決定版】図説　江戸三百藩　城と陣屋総覧　西国編　学研
日本１００名城　公式ガイドブック　監修　日本城郭協会　学研
戦略戦術兵器事典②【日本戦国編】学研
戦略戦術兵器事典⑥【日本城郭編】学研
復元図譜　日本の城　西ヶ谷恭弘　理工学社
日本古城物語　井上宗和　グラフィック社
日本の城の謎　井上宗和　祥伝社
日本の城の秘密　井上宗和　祥伝社
戦国の城　小和田哲男　学研
近江の城　中井均　サンライズ出版
関東百城　大多和晃紀　有峰書店新社
日本の名城・古城事典　南條範夫　奈良本辰也　監修　阪急コミュニケーションズ
ビジュアル版　城の日本史　内藤昌　角川書店
ＮＨＫブックス　カラー版　城の日本史　内藤昌　ＮＨＫ

監修者
三浦正幸（みうらまさゆき）

1954年、名古屋市生まれ。東京大学工学部建築学科卒業。工学博士、一級建築士。広島大学工学部助教授を経て、1999年より同大学大学院文学研究科教授。専門は日本建築史、文化財学。松山城、宇和島城、津和野城、高天神城、諏訪原城、横須賀城など多数の城郭の整備委員会委員を務めている。
著書に『城の鑑賞基礎知識』（至文堂）、『城のつくり方図典』（小学館）など多数ある。

カバーフォーマットデザイン　志村謙（Banana Grove Studio）
本文デザイン　BGS制作部（Banana Grove Studio）／ワイズファクトリー
図版　ワイズファクトリー
写真　フォトオリジナル
編集協力　風土文化社
執筆　鞍掛五郎

本書は、『意外と知らない!こんなにすごい「日本の城」』（2009年6月／小社刊）を加筆の上、文庫化したものです。

読《よ》めば行《い》きたくなる「日本《にほん》の城《しろ》」

2016年1月21日　初版第一刷発行

監修者……………三浦正幸
発行者……………増田義和
発行所……………実業之日本社
〒104-8233　中央区京橋3-7-5　京橋スクエア
【編集部】TEL.03-3535-2393
【販売部】TEL.03-3535-4441
振替 00110-6-326
実業之日本社のホームページ　http://www.j-n.co.jp/
印刷……………大日本印刷株式会社
製本……………大日本印刷株式会社

ISBN978-4-408-45663-8（学芸）